edition nove

Mag. Ildikó-Melinda Ciorba

Ungarisch

Bausteine

ein Arbeitshandbuch für Anfänger

Mag. Ildikó-Melinda Ciorba, geb. 1965 in Siebenbürgen/Rumänien wuchs zweisprachig auf. Sie lebt seit 1986 in Österreich.

Ihr Studium absolvierte sie in Wien, am Institut für Übersetzer- und Dolmetscherausbildung. Sie arbeitet hauptsächlich als freiberufliche Sprachtrainerin in Erwachsenenbildung und leitet flexibel gestaltbare Ungarischkurse bei verschiedenen Institutionen.

Sie ist verheiratet, hat zwei Kinder und lebt in Wulkaprodersdorf.

Alle Rechte der Verbreitung, auch durch Film, Funk und Fernsehen, fotomechanische Wiedergabe, Tonträger, elektronische Datenträger und auszugsweisen Nachdruck, sind vorbehalten.
© 2005 edition nove GmbH, Horitschon

Printed in European Union
ISBN 3-902518-84-7
Gedruckt auf umweltfreundlichem, chlor- und säurefrei gebleichtem Papier

www.editionnove.de

Vorwort

Nach mehr als 400 Personen, die meine Kurse besucht haben und über 1500 Unterrichtsstunden der letzten fünf Jahre darf ich nun allen Interessierten dieses Buch als Begleiter für das Studium der ungarischen Sprache überreichen.

Ungarisch – diese neu entdeckte Fremdsprache unseres Nachbarlandes stellt für die meisten Ungarisch-Kursteilnehmer eine unerwartete Herausforderung dar.

Diese einmalige Sprache, in der zahlreiche Ausnahmen vorkommen, die zuerst als Hindernisse erscheinen können, bietet auch die Möglichkeit, Kultur, Bräuche und Denkweise des ungarischen Volkes kennen zu lernen und zu verstehen.

Das Schlüsselwort des Lernerfolges ist Regelmäßigkeit. Konsequent dahinter zu sein. Jeden Tag sich damit zu befassen selbst wenn man nicht mehr als drei neue Wörter erlernt.

Mit diesem Buch versuche ich, dem Sprachlerner ein Gerüst zu geben.
Das „Haus" baut dann jeder/jede für sich auf.

Ich wünsche Ihnen viel Spaß und Erfolg dabei!

                im September, 2005
                die Autorin

Eine außergewöhnliche Sprache

In der Fachliteratur wird Ungarisch der Familie der finnisch-ugrischen Sprachen zugeordnet. Wie bei jeder Theorie, gibt es sowohl Befürworter als auch Bestreiter. Tatsache ist, dass auch finnische Wörter, ähnlich wie ungarische, auf den ersten Blick sehr lang erscheinen können, weil sie **Endungen** enthalten.

Ein einfaches Beispiel:
*„Ich bin **in meiner Bank**"   heißt   auf   ungarisch:*
*„bank**om**<u>ban</u> vagyok".*
Das Wort „Bank = bank" hat also zwei Endungen, eine für
*„in" = -<u>ban</u> und eine für „meiner", in diesem Fall –**om**.*

Aus diesem Grund empfindet man oft auch einen ungarischen Text als „kürzer". Die ungarische Übersetzung eines Buches aus einer anderen Sprache kann auch vom Umfang her kürzer erscheinen.

Wenn Sie beim Erlernen der ungarischen Sprache Erfolg haben möchten, müssen Sie sich zuerst angewöhnen, „von hinten" zu lesen. Alle wichtigen Informationen sind nämlich meistens an den Endungen ablesbar.

Da in dieser Sprache auch andere Prioritäten gesetzt werden als bisher bekannt, ist es auch sehr empfehlenswert, das logische Denken für die Zeit, in der Sie sich mit Ungarisch befassen, beiseite zu lassen.

Beginnen wir zuerst mit zwei angenehmen Regelungen:
- es gibt keine Großschreibung, außer Eigennamen, Städte, Länder usw.
- es gibt keine Geschlechter, also kein „der, die, das"

Es gibt aber auch „harte Nüsse":
- die Endungen, die an Hauptwörter angehängt werden
  (diese befolgen die Regel der Vokalharmonie)

- die Konjugation der Zeitwörter

Regel, die immer gelten gibt es äußerst wenige. Dafür aber umso mehr Ausnahmen. Hier sei gleich die erste Regel erwähnt, die in der gesamten Sprache eine Schüsselrolle spielt: **die Vokalharmonie**.
Durch Vokalharmonie ist der melodische Klang der Sprache möglich. Aber mehr darüber bei den Lektionen.

Sie sollten auch gleich vom Anfang an vermeiden, Wörter, bzw. Ausdrücke, Redewendungen zu übersetzen. Sie haben vielleicht ein ungarisches Wörterbuch, suchen einzelne Wörter und versuchen diese Wörter nach den Regeln Ihrer Muttersprache aneinander zu reihen. Das ist leider keine wirksame Methode.

Ein Beispiel: während wir unser Geld verdienen, sucht der Ungar das Geld und ein Rumäne gewinnt es sogar.

Hier hilft also Übersetzen nichts, vielmehr Hintergrundwissen, Parallelliteratur und die Methode, Wörter nicht einzeln zu erlernen, sondern in Verbindung mit einem zweiten (leichteren oder bereits bekannten) Wort oder gleich als Redewendung.

„Wie sollte das aber funktionieren, wenn Sie noch nie mit dieser Sprache zu tun gehabt haben und kein einziges ungarisches Wort können?" – höre ich schon Ihre Entgegnung.

Hier haben es Burgenländer natürlich leichter, weil sie immer wieder - unbewusst – ungarische Wörter in der Alltagssprache verwenden: **„mulatschag", „maschikseite", „hotter", „teschek"** usw.
Und wenn ich Familiennamen wie **Szabó, Varga, Fekete, Kovács, Németh oder Horváth** aufzähle, haben Sie bereits ein „Startkapital", Wörter, die Sie schon Wissen, denn diese bedeuten: **Schneider, Schuster, Schwarz, Schmied, Deutsch und Kroate.**

Zwar weicht die Schreibweise oft ab, aber es gibt eine große Anzahl von Wörtern, die ohne Schwierigkeiten erkannt und verstanden werden können, wie: **akta, album, papír, kávé.**
Zwar rätselt man vielleicht, was ein **piramis** sein könnte, aber mit einiger Übung erkennt man darin das Wort „**Pyramide**".
Und es gibt nicht nur ein paar solche Wörter, sondern Hunderte.
Ich verwende diese als sogenannte *Übungswörter*.
Der Sprachlerner kann sich nämlich viel besser auf die Endung eines Wortes konzentrieren und diese verstehen, wenn das Wort, an dem die Endung angehängt ist, bekannt ist.
Übungswörter bilden natürlich nicht den Wortschatz für den Alltagsgebrauch.

Ein Wortschatz, den man für eine alltägliche Konversation braucht umfasst aber nicht mehr als 300 Wörter.
Nicht die Wörter selbst stellen also die Schwierigkeit dar, sondern die besonderen Regelungen, bzw. die vielen Ausnahmen, die immer wieder vorkommen.

In diesem kleinen Buch versuche ich, besonders diese Stolpersteine aufzuzählen, damit Sie später ohne Schwierigkeiten, selbständig mit ungarischen Texten und Lehrbüchern arbeiten können.

I. Woche

1. Tag

Wo spricht man ungarisch?
Ungarisch wird nicht nur von den 10 Millionen Einwohnern Ungarns gesprochen: weitere 5 Millionen leben als Minderheit in Rumänien/Siebenbürgen (hier die größte Minderheit, etwa 2 Millionen), in der Slowakei, dem ehemaligen Jugoslawien, Ukraine usw.
Ungarn gibt es aber auf der ganzen Welt.
Im Zuge der Revolution im Jahr 1956 haben auch sehr viele Ungarn ihr Land für immer verlassen.

Wie spricht man ungarisch?
Die Sprache klingt besonders melodisch einerseits durch die Regelung der bereits erwähnten Vokalharmonie, die später noch erklärt wird. Ein weiterer, wichtiger Hinweis betrifft die Aussprache: betont wird immer die erste Silbe eines Wortes. Ich führe hier als Beispiel meinen Namen an: Me**lin**da betont man den Namen im deutschsprachigen Raum, **Me**linda hingegen auf ungarisch.

...A, wie Anton...
Im Ungarischen gibt es keine feste Buchstabierregel, seien Sie also nicht verwundert, wenn bei einem Wort, in dem mehrmals die gleichen Laute vorkommen, jeweils andere Namen, sogar Wörter verwendet werden!

Das ungarische Alphabet

Die Buchstaben selbst weichen nicht wesentlich von den von uns verwendeten Buchstaben ab. Es kann Ihnen aber bei genauerer Beobachtung eines ungarischen Textes auffallen, dass sogenannte „Längezeichen" vorkommen. Ob ein Selbstlaut mit oder ohne Längezeichen geschrieben wird, spielt eine entscheidende Rolle, denn das Wort kann unter Umständen etwas ganz anderes heißen:
- Péter örült.
- Péter őrült.

So sieht es geschrieben aus. Mit Péter hat man keine Schwierigkeiten, aber wenn man das nachher angeführte Wort falsch schreibt oder ausspricht, könnte es unangenehm werden: Der erste kurze Satz bedeutet, dass Peter sich gefreut hat, aber der zweite Satz sagt aus, dass Peter verrückt is.

In diesen Ländern spricht man Ungarisch

2. Tag
Das Alphabet

A		
	Á	
B		
C		
		Cs
D		
E		
	É	
F		
G		
		Gy
H		
I		
	Í	
J		
K		
L		
		Ly
M		
N		
		Ny
O		
	Ó	
Ö		
	Ő	
P		
R		
S		
		Sz
T		
		Ty
U		
	Ú	
Ü		
	Ű	
V		
Z		
		Zs

Gut, zugegeben, dass das, was ich Ihnen auf der vorigen Seite präsentierte, optisch nicht sehr schön, aber sehr wichtig ist.
Sie sollten das ungarische Alphabet mit einem Blick erfassen können.

Sie sehen drei Spalten:

- **erste Spalte** sind die „gewöhnlichen" Buchstaben, die Sie kennen, sie werden in einigen Fällen anders als im Deutschen ausgesprochen

- **zweite Spalte:** jeder Selbstlaut hat auch eine zusätzliche, „lange" Variante und hier könnten bereits erste Schwierigkeiten bei der Aussprache auftreten

- **dritte Spalte:** das sind die Doppelmitlaute. Keine vergleichbaren Laute dazu im Deutschen, daher ganz neu von der Aussprache her

Vor sehr vielen Jahren verwendeten die Ungarn auch die Keilschrift

A	ᛰ	I	ᚠ	P	ᛁ
Á	ᛨ	J	ᚹ	R	ᚺ
B	✕	aK	ᛏ	S	ᛀ
C	↑	eK	◇	SZ	|
CS	ᚺ	L	ᛖ	T	ᛉ
D	ᛗ	LY	⦰	TY	✕
E	ᛇ	M	ᛥ	U	ᛘ
É	ᛝ	N	)	Ú	ᛘ
F	⊗	NY	D	Ü	ᚻ
G	ᛚ	O	⊃	Ű	ᛖ
GY	✢	Ó	ᚨ	V	ᛖ
H	ᚷ	Ö	ᛕ	Z	ᚵ
I	ᚠ	Ő	ᚸ	ZS	ᛃ

ᛀᚺᚺᛀᛨ ᛰ ᚨᛀ ᚺᚨᛨ ᛩᚹᛀ

3. Tag

Ungarische Laute und Namen

Für jeden ungarischen Laut werde ich jetzt ein Beispielwort geben. In den meisten Fällen sind diese Wörter einfach Vornamen. Damit lernen Sie gleich ungarische Vornamen. Bei einigen Buchstaben konnte ich keine passenden Namen finden, deswegen werden Sie bei dieser Gelegenheit Ihren Wortschatz schon ein wenig erweitern können. Mit einer Ausnahme beginnt das Beispielwort immer mit dem zu lernenden Laut.

Anna – weiblicher Vorname, dieser Selbstlaut wird wohl am schwierigsten zum Aussprechen sein, denn er ist kein gewöhnliches „a", wie Sie es kennen, sondern ein tiefer, aus dem „Bauch" gesprochener Laut, der fast schon in Richtung „o" geht, was die Aussprache betrifft, ist aber natürlich kein klares „o". Ist eben die erste ungarische „Spezialität", mit der Sie sich anfreunden sollten.

Ádám – männlicher Vorname – hier können Sie schon das von Ihnen bekannte „a", wie z.B. im Wort „Tag" sprechen, gleich zweimal.

Béla – männlicher Vorname

Cecília – weiblicher Vorname, „c" ausgesprochen wie im Deutschen „z"

Csaba – männlicher Vorname, ziemlich verbreitet, da der Legende nach war Prinz Csaba der Sohn des hunnischen Königs Attila, auszusprechen als „Tschaba"

Dóra – weiblicher Vorname – achten Sie bitte immer wieder auf die Längezeichen bei den Selbstlauten! Ein Längezeichen bedeutet immer, daß Sie diesen Laut lang aussprechen müssen.

Wenn man „Loos" schreibt, ist es eine ähnliche Situation, nur der Ungar schreibt eben nicht „Doora", sondern „Dóra"

Emil – männlicher Vorname – dieser „e" ist wie ein „ä". Denken Sie jetzt daran, wie ein Ungar das Wort „Bitte" ausspricht – oder, etwas lustiger klingt, wenn er „Eßbesteck" sagt – „Äßbästäck".

Éva - weiblicher Vorname – nicht genauso ausgesprochen, wie im Deutschen, achten Sie auf „a"!

Ferenc – männlicher Vorname – hier können Sie erneut das ungarische „e" (=„ä") üben – vielleicht haben Sie auch schon die kurze Form Feri gehört, Franz

Gabi – kann männlich und weiblich sein, je nachdem, ob es sich um die Abkürzung von Gábor oder Gabriella handelt

György – männlicher Vorname, Georg, sehr zungenbrecherisch, da der Doppellaut „gy" gleich zweimal vorkommt. Versuchen Sie es vielleicht, indem Sie auf das Wort – die Stadt Győr denken. (Die deutsche Übersetzung von Győr ist übrigens Raab)

Helga – weiblicher Vorname – hier können Sie gleich auch „a" und „e" mitüben. Achtung! Sprechen Sie nicht „Hélgá" aus!

István - männlicher Vorname, heute einer der beliebtesten Männernamen, Heiliger Stephan war der Urenkel des landerobernden Stammesfürsten Árpád und der erste christliche König Ungarns. Das Fest des Heiligen Stephan ist der 20. August, das größte kirchliche und zugleich weltliche Fest in Ungarn; Koseform: u.a. Pista

***Í**rni – für das lange „í" gibt es keinen Namen sondern ein Zeitwort, das „schreiben" heißt. Die Endung „ni" ist immer die Infinitivform (Grundform) eines Verbes*

János – männlicher Vorname, ebenfalls sehr verbreitet, Hans, aber im deutschen Sprachraum auch als „Janosch" bekannt

Kati – weiblicher Vorname, Kurzform von Katalin, achten Sie erneut auf die Aussprache von „a"

Lajos - männlicher Vorname, hier sollten Sie neben „a" auch auf die Aussprache von „s" (="sch") achten, Ludwig

<u>ly</u>uk – wieder ein Wort; es heißt „Loch"; dieser Doppelbuchstabe wird ganz einfach „j" ausgesprochen. Im Ungarischen gibt es also zwei „j"-s, einmal „j", einmal „ly" geschrieben

Márta - weiblicher Vorname, hier können Sie besonders gut die unterschiedliche Aussprache von „á" und „a" üben

Nóra – weiblicher Vorname

<u>ny</u>ugat – ein neues Wort, bedeutet „Westen"; in unserer Gegend meistens als „West-Ungarn"= Nyugat-Magyarország verwendet. Der Ungar selbst bezeichnet jedoch West Ungarn nicht so, sondern Nyugat Dunántúl. Die Regionen werden nämlich nach der Lage zur Donau bezeichnet, in diesem Fall also „jenseits der Donau", auszusprechen: „njugat"

Ottó – männlicher Vorname

<u>ó</u>ra – dieses Wort hat zwei Bedeutungen: Uhr und Stunde. Wenn Sie das Wort für Ungarn = Magyarország gemerkt haben, wissen Sie auch bereits, daß „magyar" ungarisch ist. Oft werden Ungarn ja auch als „Magyaren" bezeichnet. Sie können also die Bedeutung von <u>magyar óra</u> auch erkennen, das soviel heißt wie <u>ungarisch Stunde</u>

Ödön - männlicher Vorname, entsprich Edmund, vielleicht haben Sie auch bereits von Ödön von Horváth gehört?

ő – *Sie lesen richtig, dieser Buchstabe ist ein Wort! Steht für „er" und „sie". Schwierig jedoch, wenn man nicht genau weißt, um welche Person es sich handelt, man muß also vorher den Vornamen erwähnt haben um nachher nur mehr „ő" verwenden zu können*

Péter – männlicher Vorname, hier können Sie den Unterschied zwischen „é" und „e" heraushören

Róbert – männlicher Vorname

Sándor – da es im Ungarischen kein „sch" gibt, wird nur „s" verwendet, wenn Sie sich an den Namen János, ausgesprochen Janosch erinnern

Szilárd – männlicher, nicht sehr verbreiteter Vorname, „sz" wird als das deutsche „s" ausgesprochen, Konstantin

Tibor – männlicher Vorname, in kurzer Form Tibi, auch eine ungarische Tafelschokoladen-Marke

tyúk – *Huhn, Henne, hört sich etwa „tjuk" an, muß man jedoch üben, damit es sich als richtiger Doppellaut anhört. Wenn Sie schon in Ungarn gegessen haben, könnte Ihnen auf der Speisekarte bei den Suppen „Újházy tyúkhúsleves" aufgefallen sein, dies ist eine Hühnersuppe (<u>tyúk – hús – leves – Hühner – Fleisch – Suppe</u>; Újházy ist in diesem Fall ein Familienname)*

utca – *Gasse, Strasse, bei Adressen lesen Sie oft dieses Wort. Auszusprechen als „uzza". Das „t" hört man eigentlich gar nicht und in früheren Zeiten hat man tatsächlich ucca geschieben*

út – *auch Strasse, jedoch meistens länger, breiter, auch Autostraße. Wenn der Ungar „Gute Fahrt" wünscht, sagt er „Jó utat!", wünscht also eine gute Straße. Ist doch wichtig! Wenn Sie jetzt gut aufgepasst haben, hat das Wort „út" eine Endung bekommen „-at"und dadurch hat es das Längezeichen* *verloren! So etwas kommt immer wieder vor: das Wort wird länger, verliert aber das Längezeichen. Kann aber auch umgekehrt passieren, daß ein Wort, das kein Längezeichen gehabt hat, eben eines bekommt. Wenn Sie Ungarisch lernen, dürfen Sie nicht überrascht sein, wenn es zu solchen Situationen kommt.*

<u>ü</u>veg – das Wort Flasche; ist ein wichtiges Wort, denn bei der Bestellung eines Weines werden Sie gefragt, ob Sie gleich eine <u>Flasche Wein (üveg bor)</u> oder nur ein Glas (pohár) wünschen.

t<u>ű</u>z - das einzige Wort, bei dem der zu erlernende Laut, das „ű" nicht am Anfang, sonder im Wort drinnen steht, bedeutet Feuer, Brand

<u>V</u>iktor – männlicher Vorname, kommt eher selten vor, da er auch eine ungarische Version (Győző) hat.
Sie wissen, wie bei uns „v" ausgesprochen wird, nämlich als „f". Geben Sie aber hier besonders Acht und sprechen Sie immer „w". „W" gibt es im ungarischen nicht, kann also nur als „v" geschrieben werden und hier ist es besonders wichtig, sich nicht zu irren. Denn es könnte bei einem bestimmten, oft vorkommenden Familiennamen „<u>V</u>as", (das Wort bedeutet übrigens „<u>Eisen</u>") sehr unangenehm werden, wenn Sie kein „w" sprechen... Unbedingt also „Wasch" aussprechen!

<u>Z</u>oltán – männlicher Vorname – stammt aus dem Türkischen Sultan, kann nicht übersetzt werden. Kurze Form: Zoli

<u>Zs</u>olt – männlicher Vorname, wird oft mit Zoltán verwechselt, da er vom Klang her ähnlich ist, ebenfalls nicht übersetzbar und ausgesprochen etwa so „Scholt" . Und hier noch ein Name zum üben: Zsuzsanna oder Zsuzsa – weiblicher Vorname – Susanne, gleich zweimal „zs".

4. Tag

Noch mehr zu Namen

Im Ungarischen werden Namen umgekehrt geschrieben: **erst kommt der Familiennname, dann der Vorname**, z.B.

Szabó István.

Titel werden nicht wirklich verwendet, außer bei einem Arzt vielleicht, Herr Doktor = doktor úr.
Sollten Sie also einen Titel haben, den ein Ungar nicht berücksichtigt und sagt, nehmen Sie es ihm bitte nicht übel!
Abkürzungen, wie z.B. Dipl. Ing. sind auch nicht üblich. Wenn Sie eine Visitenkarte bekommen, wo der Name und unmittelbar darunter „okleveles mérnök" steht, dann wissen Sie, daß Sie mit einem „Dipl. Ing." zu tun haben.

Frauen – immer ein Problem

Wenn Sie eine ungarische Frau begegnen, wird Sie sich meistens als z.B. **Szabó Istvánné** vorstellen.
Die Endung – né an dem Namen des Mannes angehängt bedeutet, daß sie die Frau von Herrn Szabó István ist. Wenn Sie mit dieser Frau ein Gespräch führen möchten, können Sie sie nicht ansprechen, denn „Szabó Istvánné" – das geht nicht.
Sie müssen sich nach dem Vornamen erkundigen.
Sie erfahren, daß Sie Márta heißt. Ab diesem Zeitpunkt können Sie sie Márta ansprechen, ohne sie zu dutzen! Das ist im Ungarischen durchaus möglich, ja sogar üblich, daß man in Sie-Form bleibt und sich gegenseitig mit Vornamen anspricht!

Noch mehr über Frauen

Eine Frau kann sich vorstellen als:

- Szabó István<u>né</u>
- Szabó<u>né</u>
- Szabó István<u>né</u> Márta
- Szabó Istv<u>ánné</u> Kovács Márta
- Kovács Márta

Je mehr die Frau über sich verrät, desto emanzipierter ist sie, könnte man sagen.
Die ersten vier Möglichkeiten stehen für eine verheiratete Frau.
Also zu haben ist eben nur mehr Kovács Márta, denn sie ist noch nicht oder nicht mehr verheiratet! Kovács ist ihr Mädchenname.

Erwähnenswert bei Namen ist, daß die Ungarn vorwiegend nicht den Geburtstag, sondern den Namenstag feiern. Runde Geburtstage, wie bei uns 40-er, 50-er haben auch nicht eine große Bedeutung. Es gibt wichtigere Namenstage, wie Stefan, Hans, Katharina und Susanne usw.
Namenstage stehen auch immer in den Tageszeitungen, werden im Radio angesagt und sind auf einer Tafel in den Blumengeschäften zu sehen.

5. Tag

Wiederholung

In der ersten Woche haben Sie vorwiegend über die **ungarischen Laute** gelernt und auch **neue Wörter** kennengelernt.

Gehen Sie noch einmal alle Seiten durch, wo Sie ungarische Wörter sehen und schreiben Sie diese in Ihr Ungarischheft ein.

Versuchen Sie sich zu erinnern an die „**neuen**" **Laute**:

- 7 Selbstlaute **mit** Längezeichen:
  á, é, í, ó, ő, ü, ű

- 7 Doppelmitlaute:
  cs, gy, ly, ny, sz, ty, zs

Erinnern Sie sich, wo die **Betonung** liegt: immer auf der ersten Silbe eines Wortes. Besonders wichtig bei „<u>egészségedre</u> !" oder „<u>egészségére</u>" - „**Prost**" / „**zum Wohl**" – zuerst in „du", dann in „Sie" Form. Wird nämlich dieses Wort falsch betont, schmunzeln die Ungarn und das aus einem guten Grund, denn mit „automatischer" Betonung „egész**ség**edre" bedeutet das Wort ganz etwas anderes, als gemeint ist!

Sagen Sie also immer „<u>egész</u>ségedre" beim Anstoßen (allerdings nur wenn Sie jemanden dutzen, sonst „<u>egész</u>ségére"), etwa so: „**<u>äges</u>**-schegädrä".

II. Woche

1. Tag

Die Grußformel

Indem Sie eine Person gleich in deren Muttersprache grüßen können, haben Sie bereits die erste Barriere überwunden.

Gut**en** Morgen!	Jó regge**lt**!
Gut**en** Tag!	Jó nap**ot**!
Gut**en** Abend!	Jó es**tét**!
(Ich wünsche) Gute Nacht!	Jó éjszaká**t** *(kívánok)*!

Neue Wörter

gut	jó
Morgen/früh	reggel
Tag	nap
Abend	este
Nacht	éjszaka

2. Tag

Akkusativfall „-t"

Mit dem Beispiel „Guten Morgen" = „Jó reggelt" können Sie gleich beobachten, was im Ungarischen anders ist:
- **gut**, als Eigenschaftswort bekommt im Deutschen die Akkusativendung, und wird also daraus **guten,**
jó, das ungarische Eigenschaftswort ist ohne Endung, hier bekommt nämlich das Hauptwort **reggel (Morgen)** die Endung, in diesem Fall „t".

- **„t" kann also grundsätzlich als Akkusativendung bezeichnet werden.**
Da aber die Aussprache mancher Wörter nur mit „t" nicht möglich, bzw. nicht „melodisch" ist, muß manchmal ein Zwischenlaut auch her.
Es gibt aber keine festen Regel, sondern nur das Gefühl, das „Spüren" des Klanges.
Versuchen Sie jetzt selbst mit dem Beispiel „Guten Tag"= „Jó napot". Wenn Sie nur das „t" anhängen und „Jó napt" sagen würden, ist es zwar aussprechbar, „jó napot" klingt aber viel weicher, melodischer.
Und das hat nicht unbedingt mit den Mitlauten zu tun, denn nicht immer, wenn das Wort auf Mitlaut endet, muß zwischen Endung und dem letzten Laut des Wortes ein Selbstlaut her. Wie auch gleich bei dem ersten Beispiel: „Jó reggelt"; „l" und „t", „vertragen" sich sozusagen besser, als „p" und „t".
Oft müssen Sie sich also bei Endungen von ungarischen Wörtrern nur auf Ihr Gefühl verlassen.

Die Endungen „t" bei „Jó reggelt" und „-ot" bei „Jó nap**ot**" sind aber nicht die einzigen Möglichkeiten für Akkusativendung. Weitere werden Sie in den nächsten

Lektionen kennenlernen. Diese sind nach der Regel der Vokalharmonie anzuwenden.

Wenn Sie das Wort „**este**" = „Abend" und „**éjszaka**" = „Nacht" in der Redewendung „Jó estét" und „Jó éjszakát" betrachten, fällt Ihnen gleich auf, daß hier außer „t" auch noch ein Längezeichen (einmal auf „e", einmal auf „a") gesetzt wird. Diese Möglichkeit wurde bereits bei dem Stoff der ersten Woche erwähnt.

Wenn Sie das Wort „**kívánok**" = „ich wünsche" auch noch sagen möchten, ist dies natürlich nicht nur bei „Jó éjszakát kívánok" möglich, sondern bei allen obigen Beispielen:
- Jó reggelt kívánok!
- Jó napot kívánok!
- Jó estét kívánok!
- Jó éjszakát kívánok!

Sie können also das Wort verwenden oder weglassen, genauso wie im Deutschen.

3. Tag

Weitere Grußmöglichkeiten

a) Ich begrüsse Sie!   Üdvözlöm!

- diese Form kann verwendet werden, ist aber nicht wirklich verbreitet.

b) Küss´ die Hand!   **Kezét csókolom! Csókolom!**

- Eigentlich „Ich küsse Ihre Hand"; so grüssen die Männer Damen beinahe jeden Alters aber auch Kinder Erwachsene beider Geschlechter.

c) Servus! Hallo!   **Szervusz! Szervusztok!**
     Szevasz! Szevasztok!
     Szia! Sziasztok!

- alle diese Formen sind dann anzuwenden, wenn man sich dutzt und näher bekannt/befreundet ist.
„**Szervusz**" – wenn Sie eine Person grüssen, „**Szervusztok**" – wenn Sie mehrere Personen grüssen. Genauso auch in den weiteren Beispielen, „**Szevasz**" und „**Szia**" steht für eine Person, „**Szevasztok**" und „**Sziasztok**" für mehrere Personen. Es gibt hier also eine Art „Mehrzahlendung".
Das Wort „Szia" kommt übrigens aus dem Englischen „See you".

d) Auf Wiedersehen!   **Viszontlátásra! Viszlát!**

- sagt man, wenn man sich verabschiedet. Unabhängig davon, ob Sie mit der Person per „Sie" oder per „Du" sind. **„Viszlát"** ist die Abkürzung und auch sehr verbreitet. **„Viszonltlátásra"** setzt sich aus zwei Wörtern zusammen:
- viszont – (hier) wieder
- látás – sehen + die Endung „-ra", für „auf".

Aus dem langen „<u>Visz</u>ont <u>lát</u>ás ra" wird also die „Sparvariante" **„Viszlát"**.

Oft wurde ich gefragt, ob die kürzere Form „Viszontlátás" auch korrekt wäre, denn viele würden nur das sagen, ohne Endung.
Ja und Nein. Manchmal sagen wir auch nur „Wiedersehen", was aber nicht wirklich Hochdeutsch ist sondern Umgangssprache und so ist es auch im Ungarischen.

Wenn Sie sich verabschieden, können Sie aber auch die unter Punkt c) angeführten Varianten (**Szervusz** usw.) verwenden.

4. Tag

Übungswörter

Wenn Sie ein zweisprachiges Wörterbuch besitzen, können Sie diese Liste jederzeit beliebig erweitern, ich schätze, es sind gut Tausend Wörter zu finden, die man ohne Schwierigkeiten erkennen und lernen kann. Es handelt sich hier meistens um Fremdwörter, die in vielen Sprachen gleich sind. Manchmal gibt es natürlich auch ein ungarisches Wort dafür, wie z.B. bei „computer", das auch als Fremdwort sehr verbreitet ist und wesentlich leichter zu merken als „számítógép" ist.

- agrár, agresszív, akác, akció, akta, aktív, aktuális, album, autó
- benzin, bruttó
- cigaretta, citrom, cukor, computer
- diéta
- funkció
- karakter, koffer, komplex
- lexikon
- piramis, probléma, program
- rádió
- tévé (TV), tréning
- pozitív-negatív / plusz-mínusz

Hier könnten Sie bei den Wörtrern **„akác"** (Akazie) und **„piramis"** (Pyramide) gerätselt haben.

paradicsom	Paradeiser
kukorica	Kukuruz/Mais
határ	Hotter/Grenze

Etwas schwieriger sind folgende Wörter:

cédula	Zettel
kastély	Schloß (aus dem Englischen Castle)
kápolna	Kapelle
templom	Kirche /Tempel

Familiennamen

Einige Familiennamen, die im burgenländischen Grenzgegend häufig vorkommen sind gleichzeitig auch ungarische Wörter:

Kis(s)	klein
Nagy	groß
Kovács	Schmied
Varga	Schuster
Fekete	schwarz
Horvát(h)	Kroate
Szabó	Schneider
Molnár	Müller
Német(h)	deutsch
Pap(p)	Pfarrer

Die Verdoppelung der letzten Laute (in Klammer) bzw. ein stummes „h" kommt nur bei Namen, nicht als Wort, vor.
Steht ein „y" am Ende eines Namen, so sieht man darin allgemein das Zeichen adeliger Herkunft, wie bei Újházy, Esterházy usw.

5. Tag

Die Vokalharmonie

Wie Sie bereits aus dem Stichwort „Vokalharmonie" erkennen können, handelt es sich hier ausschließlich um Vokale, also Selbstlaute.
Man unterscheidet zwei Gruppen von Selbstlauten: dunkle Vokale und helle Vokale.

Die erste Gruppe der dunklen Vokale :

I.   a,á,   o,ó,   u,ú

Die zweite Gruppe der hellen Vokale:

II.   e,é,   i,í,   ö,ő,   ü,ű

Das ist also die Aufteilung. Während Sie die erste Gruppe tief „aus dem Bauch" sprechen, werden die Vokale der zweiten Gruppe oben im Kehlkopfbereich gebildet.
Und nun dreht sich eigentlich alles, was Endungen betrifft, um diese zwei Vokalgruppen.

Entscheidend für die anzuhängende Endung ist <u>meistens</u> der **Selbstlaut der letzten Silbe des Wortes.** Meistens, aber nicht immer. Denn auch bei den Selbstlauten gibt es Ausnahmen und diese sind:

é, i und **í** .

Der Selbstlaut der letzten Silbe des Wortes „paradicsom" ist „o", ein Laut aus der ersten Gruppe der dunklen Vokale.

Hängt man eine Endung an das Wort „paradicsom" an – z.B. die bereits kennengelernte Akkusativendung „t", kann man feststellen, daß aus den möglichen Varianten „paradicsomt" oder „paradicsomot" letztere besser klingt, und das ist also auch die richtige Variante:

paradics<u>o</u>m – <u>o</u>t

Man muß also die Endung aus der gleichen Gruppe wählen: dunklen Vokal mit dunklem Vokal, hellen Vokal mit hellem Vokal.
In unserem Beispiel wäre also theoretisch auch paradicsomat und paradicsomut möglich. Einzig richtige Möglichkeit ist jedoch nur **„paradicsomot"**.

Weitere Beispiele, diesmal für die zweite Gruppe:

        föld   Erde
        sör   Bier

Beide kurze Wörter, gleicher Selbstlaut.
Im Akkusativfall doch abweichend:

        föld   et
        sör   t

Und das einerseits weil man „földt" nicht leicht aussprechen könnte, anderseits bei „söröt" das „ö" schon überflüssig wäre.

Hier könnten Sie sich schon ordentlich verunsichert fühlen: Warum passt „földöt" nicht? –fragen Sie jetzt vielleicht.
Etwas, was mit Klang zu tun hat, glaube ich, ist nicht mit logischem Verstand erklärbar.
In dieser Sprache ist es eben die Regel, daß es sehr viele Ausnahmen gibt.

Vergessen Sie nicht, daß „é", „i" und „í" als letzter Selbstlaut eines Wortes ebenfalls eine Ausnahme darstellt. Mehr darüber bei den verschiedenen Endungen.

Übrigens: die richtige Endung werden Sie nach einiger Zeit des Übens nicht mehr durch Nachdenken finden, diese kommt nämlich automatisch mit dem harmonischen Klang bei der Aussprache. Sie werden allmählich ein Gefühl dafür bekommen.

Übung
1. Az **asztalnál** ülünk.
2. Két **nappel** többet maradok.
3. A pizzát **házhöz** szállítják.
4. Az **autóban** van.

Sie verstehen die vier kurzen Sätze nicht.
Kein Problem in diesem Fall. Es geht jetzt **nur** darum zu erkennen, ob bei den fettgedruckten 4 Wörtern die Endungen passen oder nicht.
- Beim ersten Wort **asztal-nál** ist der letzte Selbstlaut des Wortes „asztal" ein „a" – aus der Gruppe der dunklen Vokalen.
Egal, welche Endung ich jetzt für das Wort brauche, muß der hier vorkommende Selbstlaut auch aus der Gruppe der dunklen Vokale sein.
Und weil „a" und „á" nach dieser Regelung zusammenpassen, ist der erste Satz korrekt.
Eine „-nél" Endung wäre hier falsch.
Der Satz bedeutet: *Wir sitzen beim Tisch.*
- Im zweiten Satz interessiert uns das Wort mit Endung **nap-pel.**
Was meinen Sie, richtig oder falsch?
„a" aus der dunklen Gruppe und „e" aus der hellen Gruppe passen **nicht** zusammen. Richtig heißt es: **nap-pal.**
Der Satz bedeutet: *Ich bleibe zwei Tage länger.*
- Im dritten Satz: **ház-höz.**
„á" aus der dunklen Gruppe und „ö" aus der hellen Gruppe passen **nicht** zusammen. Richtig heißt es: **ház-hoz.**
Der Satz bedeutet: *Die Pizza wird ins Haus geliefert.*
- Im vierten Satz: **autó-ban.**
„ó" aus der dunklen Gruppe und „a" aus der hellen Gruppe passen zusammen. Der Satz bedeutet: *(Er/sie/es) ist im Auto.*

III. Woche

1. Tag
Einige Länder

A	Österreich
	Ausztria
RO	Románia
GB	Anglia/Nagy-Britannia
B	Belgium
L	Luxemburg
USA	Amerika /Egyesült Államok
SK	Szlovákia
SLO	Szlovénia
CH	Svájc
DK	Dánia
NL	Hollandia
S	Svédország
D	Németország
E	Spanyolország
F	Franciaország
I	Olaszország
CZ	Csehország
PL	Lengyelország
RU	Oroszország
GR	Görögország
TR	Törökország
HR	Horvátország
H	**Magyarország**

2. Tag

Das wohl merkwürdigste Land von den aufgezählten ist zweifellos „**Svájc**" = **die Schweiz.**

Sehen Sie sich nur das ungarische Wort an und versuchen Sie das Wort richtig auszusprechen:
Svájc.
Hier können Sie sich am leichtesten merken, daß der Ungar für „sch" immer nur ein „s" verwendet, daß es kein „w" gibt und daß man für „z" im Ungarischen „c" schreibt.

Aus der Liste der aufgezählten Länder sehen Sie in manchen Fällen das Wort „**ország**". Dieses Wort bedeutet „**Land**".
Ungarn ist **Magyarország**, übersetzt also „Ungarnland".
Bei **Deutschland** ist sowohl im deutschen, als auch im ungarischen Wort „ország", **Német<u>ország</u>**.

Die –„i" Endung

Bedingt durch die Regelung der Vokalharmonie ist es notwendig, daß die ungarischen Endungen immer paarweise auftreten.
Sie haben bereits im Stoff der 2. Woche einige Endungen kennengelernt, ohne daß diese näher erklärt wurden. In den vier Beispielsätzen waren es die Endungen: **<u>-nál</u>**, **<u>-pel</u>**, **<u>-höz</u>** und **<u>–ban.</u>**
<u>Diese Endungen und natürlich auch alle anderen Endungen</u> – hier gibt es nur eine einzige Ausnahme, **<u>die Sie noch lernen werden, haben also zumindest ein Paar.</u>**

Doch bevor es noch zu viel und unübersichtlich wird, darf ich eine – die einzige – unkomplizierte Endung vorstellen und das ist die Endung „i".

Ein „i" kann überall angehängt werden, unabhängig davon, ob der vorherige Selbstlaut aus der dunklen oder aus der hellen Gruppe ist.

Am häufigsten wird dieses „i" in Verbindung mit Ländern, Städten und Ortschaften verwendet, wie Sie es aus den unten angeführten Beispielen für Länder entnehmen können; **„i" bedeutet „von" oder „aus"**.

> ausztriai/osztrák
> romániai
> angliai
> belgiumi
> luxemburgi
> amerikai
> szlovákiai
> szlovéniai
> svájci
> dániai
> hollandiai
> svédországi
> németországi
> spanyolországi
> franciaországi

Versuchen Sie, Ihre erste Liste mit den Ländern zu vervollständigen, schreiben Sie die Länder ab „Olaszország" bis „Magyarország" mit der „i" Endung in Ihr Heft.

Es fällt Ihnen vielleicht auf, daß in der zweiten Liste mit der „i" Endung neben „ausztriai" ein neues Wort auftaucht: **„osztrák"**. Heute wird eher dieses Wort und nicht „ausztriai" verwendet.

Die Ländernamen mit der „i" Endung bedeuten also aus, bzw. von dort kommend.
Hängen Sie ein „i" an Ihre Ortschaft an, bedeutet eben: aus dieser Ortschaft:

wulkaprodersdorfi = aus/von Wulkaprodersdorf
Melinda wulkaprodersdorfi = Melinda ist aus Wulkaprodersdorf.

Wenn ein Familienname auf „i" endet, bedeutet es, daß diese Person bzw. die Vorfahren dieser Person aus der betreffenden Ortschaft stammen.

Am Ende dieses Buches finden Sie eine kleine Sammlung mit ungarischen Bezeichnungen von burgenländischen Ortschaften.

Ein „i" kann man aber nicht ausschließlich bei Kontinenten-, Länder-, Städte,- oder Ortschafsnamen anhängen sondern auch bei sonstigen Wörtern verwenden.

Das Wort „**reggel**" kennen Sie bereits:
„**Jó reggelt**" – „**Guten Morgen**".
Reggeli ist wörtlich übersetzt „das von morgen/früh" und ist nichts anderes, als das **Frühstück.**

3. Tag

Mehrzahl – Teil I.

Wie bereits gelernt, drückt ein „t" bzw. ein Selbstlaut + „t" den Akkusativfall aus.
Wenn Sie bei einem Hauptwort statt dem „t" ein „k" anhängen, haben Sie sofort die Mehrzahl dieses Wortes.
Natürlich gilt hier auch, daß Sie manchmal wegen der Vokalharmonie einen Selbstlaut + „k" verwenden müssen, also –„ak", -„ek" usw.

*Es gibt aber Wörter, die schon im Singular auf „k" enden, wie das Wort **„gyerek"**= **„Kind"**.*
*In diesem Fall bildet man die Mehrzahl so: „gyerek**ek**".*

Unten angeführt sehen Sie nun alle Möglichkeiten für die Pluralbildung:

k /   **- ak/**   **-ek/**   **-ok/**   **-ök**

Mit Beispielwörtern:

autó**k**   ház**ak**   föld**ek**   program**ok**   sör**ök**

- ik /uk/ ük kommen als Pluralbildung <u>nicht</u> in Frage, weil diese Endungen in einem anderen Fall vorkommen.
Nun können Sie bei dem Beispielwort **„program"** = **„Programm"** beobachten, dass der letzte Selbstlaut des Wortes program ein „a" aus der dunklen Gruppe ist.
Bei der Endung nimmt man also einen Selbstlaut aus der ebenfalls dunklen Gruppe, und nachdem „u" ausgeschlossen ist, bleiben hier nur mehr zwei Möglichkeiten, nämlich „-ak" und „-ok" .

Welche Endung von diesen zwei ist letztlich korrekt? In unserem Fall „-ok".
<u>Sie sehen also, dass der letzte Selbstlaut des Wortes und der Selbstlaut der Endung nicht unbedingt identisch sein müssen!</u>

Sie können jetzt versuchen, selbständig die Pluralendung bei den folgenden Wörtern anzuhängen und auf dem nächsten Blatt kontrollieren, ob diese auch richtig sind:

akác....., akció....., akta....., album....., citrom.....,

diéta....., funkció....., karakter....., komplex.....,

lexikon....., piramis....., probléma....., rádió.....,

struktúra....., tréning....., cédula....., határ.....

4. Tag

Mehrzahl – Teil II.

akácok, akciók, <u>akták</u>, albumok, citromok,

<u>diéták</u>, funkciók, karakterek, komplexek,

lexikonok, piramisok, <u>problémák</u>, rádiók,

<u>struktúrák</u>, tréningek, <u>cédulák</u>, határok

Bei den unterstrichenen Wörtern sehen Sie, dass neben „-k" auf den Selbstlaut auch ein Längezeichen gesetzt wurde.

Sollten Sie bei den Wörtern „piramis" und „tréning" Schwierigkeiten gehabt haben, dann liegt es daran, dass wir hier in der letzten Silbe „i" als Selbstlaut haben. Wenn Sie sich erinnern: <u>„i"</u>, aber auch <u>„í"</u> und <u>„é"</u> sind Ausnahmen. <u>**Bei solchen Wörtern schaut man auf den Selbstlaut der vorletzten Silbe und berücksichtigt man dementsprechend die Regel der Vokalharmonie. Bei unseren zwei Wörtern also:**</u>

pi r<u>a</u> mis
tr<u>é</u> ning

Beim ersten Wort „piramis" muss also die Endung mit <u>„a"</u> harmonieren, deswegen lautet die Mehrzahl „pir<u>a</u>misok" und bei dem Wort „tréning" schaut man auf das <u>„é"</u> und die Mehrzahl lautet „tr<u>é</u>ning<u>e</u>k".

Sie können noch einmal mit folgenden Wörtern üben:

**lyuk....., tyúk....., utca....., út....., üveg....., tűz.....
papír....., kávé....., lámpa....., sofőr....., koffer.....**

Die Wörter der ersten Zeile wurden beim Alphabet als Beispielwörter statt Namen aufgezählt, die zweite Zeile beinhaltet einfache Übungswörter.

Achtung beim „papír" !!! Denken Sie an die soeben beschriebene Regelung mit der Vorsilbe!

Die richtigen Ändungen sehen Sie auf der nächsten Seite.

Und hier noch einige Wörter, die bei Ihnen mit großer Wahrscheinlichkeit nur mehr Kopschütteln hervorrufen – wegen der Pluralbildung:

ló,	tó,	kő
Pferd	r See	Stein
lovak,	tavak,	kövek

Dabei wäre es wirklich möglich und einfach, überall nur ein „k" anzuhängen. Es gibt noch einige – wenige Wörter, deren Mehrzahl auf diese Weise gebildet wird, meistens jene, die auf „ö" und „ü" enden, aber hier auch nicht alle! Sehen Sie z.B. das Wort:

nő /Frau   nő**k**
Einfach und verständlich, auch in Mehrzahl! So wie Frauen sind – oder?

Nur die Männer sind komplizierter:

Férfi/Mann   férfi**ak**
Ist ziemlich das einzige Wort, die Sie in einem Alltagsgespräch brauchen werden und als Pluralwort so gebildet wird.
Und vor einigen Seiten habe ich Ihnen doch gerade etwas anderes erklärt..., nämlich, daß Sie bei einem „i" als Selbstlaut am Ende eines Wortes auf die Vorsilbe schauen müssen, in

diesem Fall auf „é": „f**é**rfi". Demnach müsste „férfiek" für „Männer" richtig sein. Doch richtig heißt es: **„férfiak"**.
Wenn wir in einem Anfängerkurs soweit sind, werde ich fast immer gefragt, ob es falsch sei und die Ungarn es nicht verstehen würden, wenn man hier „férfiek" oder bei anderen Wörtern statt „o" ein „a" verwendet. Die Ungarn verstehen es natürlich, aber es wäre falsch. Nicht wirklich vergleichbar, aber etwa, wenn man im Deutschen die Fälle verwechselt. Sie verstehen, was der Sprecher meint, aber der Fehler fällt Ihnen sofort auf.
- „Grüss Gott, Herr Professor" Erinnern Sie sich an mir? Bei Sie habe ich Deutsch gelernt!" – habe ich einmal diesen Witz gelesen.

Auflösung der letzten Übung:

*lyuk**ak**, tyúk**ok**, utc**ák**, ut**ak**, üveg**ek**, tüz**ek**, papír**ok**, kávé**k**, lámpá**k**, sofőr**ök**, koffer**ek***

Dass Längezichen unerwartet auftauchen und verschwinden, ist mittlerweile nichts mehr Neues für Sie...

5. Tag

der/die/das

Nach so vielen Ausnahmen haben Sie heute eine Regel verdient. Die gute Nachricht ist, daß hier wirklich keine einzige Ausnahme vorkommt! Es geht um **„der/die/das"**.
*Wie Sie bereits in der ersten Woche durch das kurze Wort **„ő"** erfahren konnten, gibt es aber in der ungarischen Sprache männlich oder weiblich- **er/sie-** , nicht.*

Man verwendet für der/die/das die zwei Wörter **„a"** und **„az"**.

Nach **der/die/das**, also **a** und **az** steht immer ein Hauptwort oder ein Eigenschaftswort.
Wenn man herausfinden will, ob „a" oder „az" zum Wort passt, muß man den **ersten Buchstaben des Wortes** berücksichtigen.
Ist dieser Buchstabe ein Selbstlaut, verwendet man „az". Wenn hingegen der erste Buchstabe ein Mitlaut ist, kommt „a" vor dem Wort:

> **az** autó   **das** Auto
> **a** ház   **das** Haus

Das wiederum, weil es einfach schöner, melodischer klingt, wenn ich **az autó** und nicht a autó und **a ház** und nicht az ház sage. Sprechen Sie auch die zwei Möglichkeiten für sich und Sie werden es merken: es fällt einfach leichter mit dem „richtigen" Wort.
A und az sind also die bestimmten Artikel in der ungarischen Sprache.

Einige Beispiele:

a: citrom, funkció, program, rádió, határ
az: akác, akció, akta

IV. Woche

1. Tag

Endungen – Dativ und Genitiv

Bisher haben Sie folgende Endungen kennegelernt:

- die „**-i**"**-Endung**, die für „**aus**" oder „**von**" steht
- die Pluralendung(en) **-k**, bzw. –ak, - ek, -ok, ök
- die Akkusativendung **–t** , bzw. –at,-et, ot, -öt

Heute werden Sie die Endungen mit der Dativ- und Genitivendung ergänzen.
Hier darf ich Sie erneut daran erinnern, daß Sie wieder keineswegs die Übersetzung eines deutschen Satzes verwenden können!
In jeder Sprache gibt es Redewendungen, die nicht ohne Weiteres als sogenannte Spiegelübersetzung – also Wort für Wort übersetzt - verwendet werden können.

Nehmen wir hier folgendes Beispiel:

„Peter hat Geburtstag. Ich wünsche Peter alles Gute zum Geburtstag!"

„Péter<u>nek</u> születésnap<u>ja</u> van. Boldog születésnap<u>ot</u> kívánok Péter<u>nek</u>!"

Ich verzichte hier auf eine mögliche, wörtliche Übersetzung des ungarischen Satzes, weil dieser nicht mehr deutsch klingen würde.

"Alles Gute zum Geburtstag" könnte man zwar als *"Minden jót a születésnapra"* übersetzen, klingt aber nicht ungarisch. Der Ungar sagt: *"Boldog születésnapot"* – also wünscht *"Frohen Geburtstag"* – und das klingt wiederum gar nicht deutsch, oder?

<u>**Alles Gute zum Geburtstag! Boldog születésnapot!**</u>

Soviel über die Redewendung.

Konzentrieren Sie sich hier nur auf die Fälle, nicht also auf die noch unbekannten Zeitwörter.
Finden Sie in den deutschen Sätzen Dativ-, Genitiv- und Akkusativfall?!

In den Ungarischen Sätzen ist –**nek** der Dativfall, -**ja** der Genitivfall und –**ot** der Akkusativfall.

Wie Sie bereits wissen, zum Akkusativfall- Endungen gehören aber auch noch –**t**, **at**, -**et** und –**öt** (bisher einige Akkusativendungen bei den „Grussformeln" kennengelernt). Die Begründung:um die Regelung der Vokalharmonie berücksichtigen zu können. Und das gilt eben für alle anderen Endungen, hier – heute für Dativ und Genitiv und auch bei allen Endungen, die Sie später noch kennenlernen werden, die wichtigsten - insgesamt noch 12.

Eine Möglichkeit für die Dativendung ist aus unserem Beispiel: -**nek.** Hätte ich aber eine Anna, der ich zum Geburtstag gratulieren will, könnte ich nicht sagen: „Ann**á**n**e**k születésnapja van, denn „á" und „e" können nach der Regel der Vokalharmonie nicht kombiniert werden. Richtig ist: „Ann**á**n**a**k". Und damit habe ich das Paar für –nek: -nak.

„**-nak/-nek**" ist also „**dem/der**"

Im Wort „születésnap**ja**" finden wir eine Möglichkeit der Genitivendung: -**„ja".** Das Paar ist: -**„je".** Das ist aber noch nicht alles, denn hier kommen noch zwei weitere

Möglichkeiten dazu: -„a" und -„e". Alle vier sind also Genitivendungen für III. Person, Singular. Diese Endungen drücken auch den „Besitz" aus. Diese Endung hat in der ungarischen Sprache eine besondere Bedeutung. Der Ungar pflegt nämlich alles zu „besitzen", zumindest sprachlich. Diese Tatsache können Sie dann in den späteren Lektionen genauer beobachten.

Und das ist wahrscheinlich der Grund, warum keine ungarische Frau Inge heißen kann. Nachdem das Wort „ing" „Hemd"bedeutet, würde Inge sein/ihr Hemd heißen!

Auch etwas, was der Ungar **nicht hat**, wird mit diesem Besitzzeichen versehen.

„Ich habe kein Geld." heißt auf ungarisch: **„Nincs pénze<u>m</u>."**
Mein Geld gibt es nicht. – (Wörtlich übersetzt.)

Bevor Sie jetzt die Hoffnung verlieren, Ungarisch jemals erlernen zu können, lesen Sie bitte weiter, es kommt etwas, womit Sie leichter umgehen können, und zwar das -„**m**" aus dem vorigen Satz. Dieses -„**m**" steht für **m**ich, **m**eine Person betreffend, **m**ir gehörend. „Autó**m**" heißt also: „**m**ein Auto", „bank**om**" ist **m**eine Bank usw.

In zweiter Person geht es sogar ähnlich weiter: alles was „**d**ich" betrifft, wird mit einem -„**d**" ausgedrückt: „autó**d**" = **d**ein Auto, bank**od** = **d**eine Bank.

Für die Vokalharmonie gibt es hier natürlich auch noch weitere Möglichkeiten.

Die Endungen für III. Person haben Sie soeben bei dem Beispiel mit dem Geburtstag gelernt: -„a", -„ja",-„ e".-„ je"
Für unsere Beispielwörter: autó**ja**, bank**ja.**

Eine umfassende Tabelle mit allen Möglichkeiten der Genitivendung finden Sie am Ende dieses Buches.

2. Tag

Monate und Tage

Für den heutigen Tag ist fast so etwas wie Entspannung angesagt, denn die ungarische Bezeichnung der Monate ist wirklich nicht schwer:

Monat	hónap
Jänner	január
Februar	február
März	március
April	április
Mai	május
Juni	június
Juli	július
August	augusztus
September	szeptember
Oktober	október
November	november
Dezember	december

Um die richtige Betonung (erste Silbe!) und Aussprache (z.B. ungarisches „s" als „sch" sprechen!, Längezeichen...) üben zu können, sollten Sie aber die Liste mit den Namen der Monate mehrmals für sich laut lesen!

Bei den Wochentagen wird es nicht mehr so einfach sein, aber die sieben neuen Wörter schaffen Sie heute noch ohne Schwierigkeiten:

Montag	hétfő
Dienstag	kedd
Mittwoch	szerda
Donnerstag	csütörtök
Freitag	péntek

Samstag	szombat
Sonntag	vasárnap
heute	ma
gestern	tegnap
morgen	holnap

Jene Personen, die Kroatisch sprechen, werden hier bei einigen Tagen (Mittwoch, Donnerstag und Freitag) eine Ähnlichkeit mit der kroatischen Sprache erkennen.

Die Ausnahme im Ungarischen beginnt bereits bei Montag – in den meisten Sprachen wird Montag mit dem Mond in Verbindung gebracht, der Ungar bezeichnet ihn aber „Haupt der Woche" hét-fő. **Hét** *bedeutet* **Woche** *und gleichzeitig auch die zahl 7,* **fő** *ist* **Haupt.**
Bei **csütörtök** *erkennt man eine Verwandtschaft mit dem Sanskrit, denn in dieser Sprache heißt „chaturta" der vierte, hier also der vierte Tag der Woche,* **Donnerstag.** *Péntek, der fünfte Tag der Woche, aus dem Griechischen Penta ist* **Freitag.**
Vielleicht erkennen Sie die Ähnlichkeit des Wortes **szombat** *für* **Samstag** *mit dem Wort Sabbat.*
Sonntag *– in anderen Sprachen meistens mit Sonne im Zusammenhang heißt auf ungarisch* **vasárnap.** *Etwa Markt-Tag oder Kirtag, denn vásár ist Markt.*

Wie Sie sich erinnern, **Jó napot!** *bedeutet* **Guten Tag!**

nap= Tag
Nap = Sonne

Das gleiche Wort also für Tag und Sonne!
(So wie hét für Woche und sieben!)
Sonntag könnte also unmöglich Napnap heißen, deswegen heißt er vasárnap.

3. Tag

Jahreszeiten und Tageszeiten

Jahr	év
Jahreszeiten	évszakok
Frühling	tavasz
Sommer	nyár
Herbst	ősz
Winter	tél

Als kleine Übung und Wiederholung können Sie jetzt in Ihr Heft die zu den Jahreszeiten gehörenden Monate aufschreiben.

Im Zusammenhang mit den Jahreszeiten möchte ich Ihnen gleich einige Feiertage und Bräuche erwähnen:

Frühling – tavasz

Ostern	Húsvét
Pfingsten	Pünkösd
Frauentag	Nő<u>k</u> Nap<u>ja</u>
Muttertag	Anyá<u>k</u> Nap<u>ja</u>

Sommer - nyár

Tag des Kindes　Gyereknap

Herbst – ősz

Allerheiligen　Halotta<u>k</u> Nap<u>ja</u>

Winter – tél

Nikolo	Mikulás
Weihnachten	Karácsony
	Télapó
Silvester	Szilveszter

Übrigens: wenn Sie die ungarischen Feiertage aufmerksam lesen, erkennen Sie Mehrzahl- und Genitivendungen.
Ostern, Pfingsten, Allerheiligen und Weihnachten sind **Feiertage = Ünnepnapok,** *wie bei uns.*
Der Frauentag am 8. März ist eigentlich noch aus den früheren (kommunistischen) Zeiten üblich. Vatertag gibt es in Ungarn noch nicht wirklich, aber genauso, wie der Valentinstag, wird es vielleicht auch in Ungarn langsam übernommen.
Dafür gibt es aber den Tag des Kindes am 1. Juni.
Zu Weihnachten kommt zu den ungarischen Kindern nicht nur das **Christkind (Jézuska),** *sondern auch der* **Engel (angyal)** *oder* **Télapó** *(Santa Claus oder* **Weihnachtsmann***), letzterer deshalb, weil es in den früheren Zeiten Kommunismus und Kirche nicht wirklich Hand in Hand miteinander gingen.*
Zu Ostern suchen die ungarischen Kindern nicht nach versteckten, bunten Eiern und Süßigkeiten am Sonntag, die der Hase versteckt hat. **„Gießen"** *–* **„locsolás" oder „öntözés"** *heißt in Ungarn der Volksbrauch, der auch noch heute, am Ostermontag ausgeübt wird: an diesem Tag begießen die Männer die Frauen (heute mit Parfüm, früher war das am Land ein kübelvoll Wasser), damit diese nicht „verwelken", d.h. es handelt sich hierbei wahrscheinlich um einen Fruchtbarkeitsritus. Die „Gießer" sagen meist ein kleines Gedicht auf, das immer mit der Formel „Darf ich die Blume gießen?" endet. Danach erhalten sie als Gegenleistung ein buntes (am Land bemaltes) Osterei, kleinere Kinder auch Süßigkeiten oder Geld, Männer aber auch einen Schnaps – und wenn ein Mann am Ostermontag 8 bis 10 Frauen begossen hat, können Sie sich vorstellen, was das bedeutet, also bitte fahren Sie äußerst vorsichtig, wenn Sie einmal am Ostermontag in Ungarn unterwegs sein sollten!*

Die Tageszeiten

Bei den Grußformeln haben Sie bereits einige Wörter für die Tageszeiten kennengelernt:

Morgen reggel
Abend este
Nacht éjszaka

Ein weiteres, wichtiges Wort wird die Bezeichnung

Mittag dél

sein.
Damit ist 12.00 Uhr mittags gemeint. Davor, (wenn nicht mehr morgens gemeint ist) ist

Vormittag délelőtt

und nachher, aber eher so ab 14.00 Uhr ist

Nachmittag délután

Das Wort „**dél**" hat auch zwei Bedeutungen: außer **Mittag** heißt die Himmelsrichtung **Süden** so. Zu Mittag steht nämlich die Sonne genau dort. Sie haben bisher schon drei kurze Wörter mit zwei Bedeutungen: **nap** (Tag und Sonne), **hét** (Woche und 7) und **dél** (Mittag und Süden).

4. Tag

Die Zahlen

Heute werden Sie fleißig lernen müssen. Viele neue Wörter für die einzelnen Zahlen und einiges mehr.

Ist Ihnen schon aufgefallen, dass Ungarn die größeren Zahlen oft falsch, genau umgekehrt verstehen, wenn Sie z.B. 37 sagen, könnte der Ungar hier 73 registrieren. Der Grund ist einfach: nur in der deutschen Sprache werden die Zahlen „umgedreht". Siebenunddreißig – und nicht dreißig-sieben, wie in den anderen Sprachen üblich. So gesehen gibt es diesmal in der deutschen Sprache eine Ausnahme.

0	nulla	30	harminc
1	egy	31	harmincegy
2	kettő/két		
3	három	40	negy**ven**
4	négy	50	ötven
5	öt	60	hat**van**
6	hat	70	hetven
7	hét	80	nyolcvan
8	nyolc	90	kilencven
9	kilenc	100	száz
10	tíz	101	százegy
11	tiz**en**egy	102	százkettő
12	tizenkettő	1000	ezer
		1001	ezeregy
20	húsz	1002	ezerkettő
21	husz**on**egy	2001	kétezeregy
22	huszonkettő	2002	kétezerkettő
		2005	kétezeröt

Die Tabelle mit den Zahlen enthält fast schon alle wichtigen Informationen, die Sie hier wissen sollten.
Beginnen wir mit der zweiten Spalte: sie sehen, dass bei den unterstrichenen Wortteilen wieder die Regel der Vokalharmonie erkennbar ist. Größere Zahlen zu bilden ist nicht wirklich schwierig: es wird immer alles angehängt, so wie im Deutschen. Bei 2002 fällt Ihnen aber auf, dass dort für „2" einmal „két", einmal „kettő" steht. Nun, diese 2 Wörter können Sie nicht beliebig verwenden, sondern folgenderweise: wenn **2 als kurze** Antwort oder als einziges Wort steht, verwenden Sie das **längere Wort „kettő"**, wenn Sie aber 2 in einem Satz verwenden, oder etwas noch angehängt wird, so wie bei der Zahl 2002, also die Aussage im Zusammenhang mit 2 **länger wird,** verwenden Sie das **kürzere Wort „két".**
Bei den „zehner" und „zwanziger" Zahlen, also von 11 bis 19 und 21 bis 29 habe ich wieder etwas unterstrichen, wo Sie einerseits die Vokalharmonie erkennen, andererseits fragen sich, was dieser Wortbruchteil –„en" und –„on" mitten im Wort heißen kann, wenn es bei den „dreißiger" Zahlen nicht mehr dabei ist? Stimmt. Es kommt ab 30 nicht mehr vor!
Die etwas umstrittene Begründung dafür lautet, dass diese Regelung aus der „Marktsprache" stamme.

Wenn Sie jetzt üben möchten, versuchen Sie möglichst viele Telefonnummer aufzuschreiben und mit Hilfe der Tabelle auf ungarisch zu sagen!
Oder nachdem Sie schon die Bezeichnung der Monate kennen, könnten Sie es auch mit dem Geburtsdatum versuchen.
Ein Tipp: für 1965 kann man auf ungarisch nicht 19 – 65 sagen! Man muss immer die volle Zahl aussprechen und zwar so:
     ezer/kilenc/száz/hatvan/öt.

5. Tag

Zahlen, Datum

Weitere Ausdrücke, die Sie im Zusammenhang mit Zahlen brauchen könnten:

¼	(egy)**negyed**
½	*(egy)ketted/**fél***
¾	**háromnegyed**
1/8	egynyolcad
2/3	kétharmad

Ein achtel (1/8) Wein wird aber in ungarischen Gasthäusern nicht bestellt. Hier verwendet man das Wort **Glas = pohár**

ein Glas Wein = egy pohár bor
Bitte ein Glas Wein! Kérek egy pohár bort!
(-"t" für Akkusativfall)

Das **Datum = dátum** wird auf ungarisch umgekehrt geschrieben, z.B. das Datum: 2005.09.04, wobei 09. für den Monat eher ungewöhnlich ist, man verwendet entweder szeptember oder die Abkürzung szept.
Um in einem Datum „am" sagen zu können, brauchen Sie aber noch einige Endungen.

Doch vorher noch eine kleine Liste für:

erste	első
zweite	**második**
dritte	harmadik
vierte	negyedik
fünfte	ötödik

sechste	hatodik
siebente	hetedik
achte	nyolcadik
neunte	kilencedik
zehnte	tízedik
elfte	tizenegyedik
zwölfte	**tizenkettedik**

Für erste habe ich das von eins = egy abweichende Wort első. Für **zweite** das Wort **második**. *(In eingen Teilen Österreichs kennt man den Ausdruck "Maschikseite" – für die andere oder zweite Seite.)* **Dieses Wort kommt aber eben nur bei zweier vor. Bei 12. ist schon wieder das bekannte kettő teils erkennbar (auch bei 22, 32 usw.)**

Für Datumangaben hängt man noch mehr Endungen an, während die Vokalharmonie immer berücksichtigt wird:

der 1.	elseje	am 1.	elsején
der 2.	másodika	am 2.	másodikán
der 3.	harmadika	am 3.	harmadikán
der 4.	negyedike	am 4.	negyedikén
der 5.	ötödike	am 5.	ötödikén

Wichtig!
- **egy ist auch der unbestimmte Artikel ein/eine**
- **wenn Sie vor einem Wort eine Zahl** *(oder aber auch das Wort „viel" oder „wenig")* **haben, brauchen Sie keine Mehrzahlendung anhängen! Sie sagen also für „drei Zitronen"** nicht három citromok, sondern **„három citrom".**

V. Woche

1. Tag

Uhrzeit

Wenn man Sie nach der Uhrzeit fragt:

Wieviel Uhr ist es?   **Hány óra?**
Wie spät ist es?   **Mennyi az idő?**
könnten Sie bereits diese Frage beantworten, vorausgesetzt, Sie können schon die ungarischen Zahlen.

8.00 = nyolc óra
8.05 = nyolc óra öt
8.15 = nyolc óra tizenöt oder negyed kilenc
8.23 = nyolc óra huszonhárom
8.30 = nyolc óra harminc oder fél kilenc
8.45 = nyolc óra negyvenöt oder háromnegyed kilenc
8.55 = nyolc óra ötvenöt

Wörter
óra = Uhr, aber auch Stunde
idő = Zeit, aber auch Wetter
Wieder zwei neue, kurze Wörter mit zwei Bedeutungen.

Die Endung für „an/am"

Diese Endung brauchen wir im Zusammenhang mit Tagen (am Montag), mit einem Datum (am 4. September) aber auch für etwas ganz Seltsames: **am Ungarn, am Budapest**. (Sie haben hoffentlich das logische Denken auch heute ausgeschaltet...).
Diese Kombination: am + Land/Ortschaft kommt aber nur bei Ungarn selbst und einigen ungarischen Ortschaften vor.

Und hier die Möglichkeiten für „**an/am**", zuerst bei den Wochentagen: **-n, -on, -en und –ön**

am Montag	hétfő**n**
am Dienstag	kedd**en**
am Mittwoch	szerdá**n**
am Donnerstag	csütörtök**ön**
am Freitag	pentek**en**
am Samstag	szombat**on**
am Sonntag	vasárnap (!)

„**Am Sonntag**" wird nicht gearbeitet, also vasárnap bekommt keine Endung!

Bei einem Datum – Sie haben bereits die ersten fünf Möglichkeiten am Vortag kennen gelernt – kann nur –„**án**" oder -„**én**" angehängt werden, z.B. am 6. = hatodikán, am 7. = hetedikén.
Mit dieser Endung antwortet man auf die Frage „**wann?**" = „**mikor**"?

Bei „in Ungarn" wird gesagt: **Magyarországon**.
Einige Städte in Ungarn, die diese Endung bekommen:
Budapest, Szolnok, Szeged, Miskolc, Keszthely, Siófok u.a.
Budapesten, **Szolnok**on, **Szeged**en, **Miskolc**on, **Keszthely**en, **Siófok**on, usw.
Versuchen Sie bitte nicht, dafür eine Erklärung zu finden!

2. Tag

Die Endung „in/im"

Auf die Frage „wo?" = „hol?" antwortet man mit der Endung „-ban/-ben", oder in einigen Fällen, z.B. auf die Frage „Wann (im welchen Monat) hast Du Geburtstag?" kommt bei dem Monat und Jahr auch die gleiche Endung angehängt – **im Jänner, im März, im Jahr 1965 = januárban, márciusban, 1965-ben.**

Man kann hier am besten gleich mit einigen Ländern/Ortschaften üben:

In Österreich	Ausztriá**ban**
In Italien	Olaszország**ban**
in Wien	Bécs**ben**
in Eisenstadt	Eisenstadt**ban** / Kismarton**ban**
In Paris	Párizs**ban**
In London	London**ban**
In Sopron	Sopron**ban**
In Győr	Győr**ben**
In Veszprém	Veszprém**ben**

Kismarton ist die ungarische Bezeichnung für Eisenstadt.
Die meisten burgenländischen Ortschaften haben einen ungarischen Namen und umgekehrt, auch die ungarischen Ortschaften aus dem Grenzgebiet haben einen deutschen Namen, Sopron heißt z.B. Ödenburg, Győr ist Raab, Szombathely ist Steinamanger.

In der Liste sind die 3 letzten Positionen ungarische Ortschaften. Wie Sie sehen, hier kommt die „richtige" Endung, also **nicht alle ungarischen Ortschaften sind von der Regelung betroffen die in der vorigen Lektion beschrieben wurde!**

3. Tag

Zwei leichte Endungen: „bis" und „um"

Manchmal – ganz selten – findet man auch leichter nachvollziehbare Endungen, bei denen man nicht einmal die Vokalharmonie berücksichtigen muss. Eine solche Endung war <u>–„i"</u> für **von oder aus.**

Auf die Frage **bis wann?** = **meddig?** Verwendet man die Endung <u>–„ig"</u>.
Sie können z.B.

- einen Tag angeben: **bis** Sonntag = vasárnap**ig**
- einen Monat angeben: **bis** Oktober = október**ig**
- eine Uhrzeit sagen: **bis** 10.00 = tíz**ig**
  oder **bis** 10.00 Uhr = tíz órá**ig**
- eine Ortschaft angeben: **bis** Wien = Bécs**ig**

Sollten Sie auf die Frage „wann?" = „mikor?" mit einer Uhrzeit antworten, können Sie die Endung **um** = –„kor" anhängen.

*Z.B. **Wann** gehst Du nach Hause? **Um** vier. /**Um** halb sechs.*
*   **Mikor** mész haza?   Négy**kor**. / Fél hat**kor**.*

Die Endung –kor ist zwar leicht, kommt aber leider eben selten vor. Außer bei Uhrzeiten kann man –kor bei einigen Feiertagen noch anhängen:
*   zu Weihnachten / zu Ostern / zu Pfingsten*
*   Karácsony**kor** / Húsvét**kor** / Pünkösd**kor***

4. Tag

Die Farben

Farbe szín
Farben színek

Um ein wenig in die ungarische Denkweise eintauchen zu können, werde ich hier ein Wort anführen, das mit Farben eigentlich gar nichts zu tun hat:
   Theater   színház
Das Theater ist also das „Farbhaus". Dort wird das Leben bunter gemacht...

rot	piros, vörös
blau	kék
gelb	sárga
grün	zöld
braun	barna
schwarz	fekete
grau	szürke
lila	lila
rosa	rózsaszín
orange	narancs(sárga)
weiß	fehér
gold	arany
silber	ezüst
blond	szőke
grau (Haar)	ősz
dunkel	sötét
hell	világos

(Fast) jede Farbe – eine kleine Geschichte

Vielleicht haben Sie auch schon den weiblichen Vornamen Piroska gehört. **Piroska** ist **Rotkäppchen**. Oder „rot" im Zusammenhang mit „piros paprika". Vörös – das zweite Wort für rot ist eine Spur dunkler und wird für den Wein verwendet: **Rotwein = vörös bor.** Ein sehr bekannter Rotwein aus Ungarn ist der **Egri Bikavér (Erlauer Stierblut).**
Ein Rotwein ist auch **Blaufränkisch = Kékfrankos**, unsere nächste Farbe.
(Gelbe Farbe hat zwar der süße Eiswein Tokaji, „sárga" kommt aber im Namen selbst nicht vor.)
Für die Farbe Grau gibt es den bekannten Wein: **Szürke barát = Grauer Mönch (das Wort barát bedeutet außer Mönch auch noch Freund).** Dieser Wein ist ein **Weißwein = fehér bor.** Damit unsere kleine „Weinkunde" vollständig ist, hier noch das Wort für **Gespritzter= fröccs** (ausgesprochen: Frötsch).

Das Wort „schwarz" = „fekete" hat in der ungarischen Sprache außer der Farbe aber auch eine andere Bedeutung: ein Espresso-Kaffee, natürlich ohne Milch. Einen „kleinen Braunen" = „kis barna" könnte man in Ungarn gar nicht verlangen – denn da käme mit großer Wahrscheinlichkeit statt Kaffee eine kleine braune Frau daher... Also aufpassen!

Folgende Wörter könnten noch im Zusammenhang mit Farben interessant sein:

farbig	**bunt**	**kariert**	**gestreift**	**getupft**
színes	**tarka**	**kockás**	**csíkos**	**pöttyös**

Csíkos (gestreift) und csikós („Fohlner" – Pferdehirt in Ungarn)sind verschiedene Begriffe – achten Sie auf die Längezeichen im Wort! Den „csikós", die Hauptgestalt des verbreiteten romantischen Puszta-Ungarnbildes sieht man öfters an ungarischen Ansichtskarten in traditioneller Tracht und Peitsche.

5. Tag

Über die Ungarn

Einer Legende nach stammt das ungarische Volk von den zwei Söhnen des Königs Nimród ab, **Hunor und Magor** oder auch Magyar genannt. Während sie einem Hirsch nachjagten (Wunderhirsch – **Csodaszarvas**), erblickten die zwei Söhne die Töchter eines Königs und raubten sie. Sie wurden die Urväter des hunnischen und ungarischen Volkes.

Die Urmagyaren, also die Landeseroberer (**honfoglalók**) - insgesamt sieben Stammesoberhäupter (**hét vezér**) - wanderten unter der Führung des Fürsten **Árpád** aus dem Ural ein und gründeten das ungarische Reich.

Der **turul**, dieser als Adler oder Falke dargestellte Raubvogel, der in Wirklichkeit eine unbekannte Vogelart ist, ist in der Herkunftssage des Árpaden-Hauses der mythische Ahne, der die Urmutter schwängerte. *Eine Turul-Statue ist u.a. auf der Bergspitze bei Tatabánya von der Autobahn M1 Richtung Budapest zu sehen.*

Attila war der Hunnenkönig, der in Westeuropa als „Geißel Gottes" bekannt ist.

Übrigens: unweit von Budapest gibt es den Attila-Hügel, wo Spontanheilungen registriert werden.

Die bedeutenden Revolutionen (**forradalom**) der Ungarn fanden in den Jahren 1848 und 1956 statt.

Der **15. März** – an dem Tag brach 1848 die Revolution aus – ist auch jetzt ein Nationalfeiertag und der **23. Oktober** ebenfalls. An diesem Tag brach die Revolution im Jahr 1956 aus. Das war der Beginn des verbitterten Aufstandes gegen das kommunistische System. Damals verließen sehr viele Ungarn ihre Heimat und flüchteten ins Ausland.

Wichtige Namen, die Sie im Zusammenhang mit der Revolution (1848) hören könnten: **Kossuth Lajos** und **Petőfi Sándor**. Petőfi war übrigens ein sehr berühmter Dichter.

József Attila war ebenfalls ein Dichter, der leider viel zu früh verstorben ist. Er beging Selbstmord.
Es ist eine traurige Tatsache, dass in Ungarn die Zahl der Selbstmorde immer sehr hoch war. Manche versuchen dieses rätselhafte Phänomen aus dem berühmten ungarischen Pessimismus abzuleiten, obwohl diese eine äußerst junge Erscheinung im Vergleich zur Tradition des Selbstmordes ist. Pessimismus ist tatsächlich ein typischer – und häufig lähmender seelischer Charakterzug der Ungarn. Sie rechnen meist eher mit unvorteilhaften Wendungen. Es gab ein Lied **„Trauriger Sonntag"** = **„Szomorú vasárnap"** in den dreißiger Jahren - dessen Komponist übrigens ebenfalls Selbstmord beging, das ein Schlager wurde aber nur ohne Text gespielt werden durfte, weil es im Kreise der einsamen Menschen eine wahre Welle von Selbstmorden ausgelöst hat.

Ady Endre ist ein ebenfalls berühmter und bedeutender ungarischer Dichter - er kam mit sechs Fingern auf die Welt und diese Tatsache findet heute noch besondere Beachtung. Denn auch Schamanen – **táltos** – die Priester der heidnischen Magyaren - trugen solche Merkmale.
Die táltos-Tradition wird in Ungarn auch heute noch gepflegt.

Fast in jeder Ortschaft befindet sich eine Straße, die nach den oben erwähnten Persönlichkeiten benannt ist.
Zwei ungarische Radiosender heißen auch so: Petőfi rádió und Kossuth rádió. Ein dritter Sender wurde nach **Bartók Béla** benannt, neben **Kodály Zoltán** ein berühmter Komponist der Ungarn.

Berühmte Maler u.a.: **Csontváry Kosztka Tivadar** und **Munkácsy Mihály**.

VI. Woche

1. Tag

Zeitwörter

Neben der <u>Vokalharmonie</u> ist die <u>Konjugation der Zeitwörter</u> eine ebenfalls „harte Nuss".
Langsam werden Sie verstehen, warum die Ungarn Befürworter der Einführung der Esperanto-Sprache waren... Bis heute gibt es Vereine in Ungarn, welche die Verbreitung der Welthilfssprache Esperanto fördern.

Gleich am Anfang könnte es bereits Schwierigkeiten mit dem Verstehen der Verben „sein" und „haben" geben. Mehr dazu aber in der nächsten Lektion.

Das erste Verb, das Sie kennen gelernt haben, war gleich am Anfang, bei den ungarischen Lauten bei „í" das Wort <u>**írni (schreiben)**</u>.
Die Infinitivform (Wörterbuchform) eines Verbs hat immer die Endung **–"ni"**. Um ein Verb zu konjugieren, lässt man die Endung –„ni" weg und hängt die passende Endung für die jeweilige Person an. Grundsätzlich. Es kann aber in einzelnen Fällen Abweichungen geben.
Bei dem Studium der Zeitwörter empfehle ich Ihnen, bescheiden zu bleiben und nicht übermäßig hohe Ziele zu setzen! Lernen Sie **nur** die wichtigsten Verben, die Sie in Ihrer persönlichen Situation bei einer Konversation brauchen werden. Jemand, der sich mit ungarischen Freunden unterhalten will, braucht andere Zeitwörter als eine Person, die z.B. Geschäftskontakte hat.
In den nächsten Tagen werden Sie eine eher ungewöhnliche Form bei der Verbkonjugation kennen lernen. Jeden Tag lernen

Sie die Konjugation nur für eine Person: am ersten Tag nur „ich".

Über die Verben sollten Sie noch folgendes wissen:

- es gibt insgesamt 3 Gruppen der Verben. Die meisten Verben gehören der **ersten Gruppe** an. Diese Gruppe ist auch die schwierigste, denn hier gibt es immer 2 Formen: **eine bestimmte und eine unbestimmte Form**. Bestimmt oder unbestimmt – je nachdem ob im Satz ein **bestimmter Arikel (a oder az)** oder ein **unbestimmter Artikel (egy)** zu finden ist oder sich vermuten lässt. Beispiel mit dem Verb **„írni" = schreiben**: ich kann den (bestimmten) Brief schreiben oder ich kann einen (unbestimmten) Brief schreiben. Konkret oder allgemein, könnte man auch sagen.
- die zweite Gruppe ist die sogenannte **–„ik"-Verbgruppe**. Diese Bezeichnung bezieht sich auf die 3. Person, in der diese Verben eine „-ik" Endung bekommen. In dieser Gruppe sind die am häufigsten verwendeten Verben zu finden.
- die dritte, selten erwähnte Gruppe beinhaltet größtenteils Verben, die eine Bewegung (gehen, laufen, usw.) oder eine Nicht-Bewegung (ruhen, bleiben) ausdrücken.

Die Konjugation der Verben ist manchmal für die Ungarn selbst ein Problem. Es gibt ein Buch, in dem ausschließlich Verbkonjugationen einzeln, für jedes Verb angeführt werden. Tatsache ist, dass die Konjugation der Verben eine sehr komplexe Angelegenheit ist – man muss fast bei jedem Verb die Konjugation einzeln durcharbeiten.
Ich habe versucht, eine kleine Liste mit wichtigen Verben zusammenzustellen, damit Sie wenigstens ein „Startkapital" haben.

2. Tag

"sein" und "haben"

sein = lenni	haben = van
ich bin = én vagyok	ich habe = nekem van
du bist = te vagy	du hast = neked van
er/sie/es ist = ő, *Ön/Maga* (van)	er/sie/es hat = neki, *Önnek/ Magának* van
wir sind = mi vagyunk	wir haben = nekünk van
ihr seid = ti vagytok	ihr habt = nektek van
sie sind = ők, *Önök/Maguk* (vannak)	sie haben = nekik, *Önöknek/Maguknak* van

In dieser Tabelle sehen Sie in der III. Person Singular und Plural jeweils eine *kursiv geschriebene Zeile*: *Ön/Maga, bzw. Önök/Maguk und Önnek/Magának bzw. Önöknek/Maguknak* ist die Höflichkeitsform, wenn Sie jemanden per Sie (also nicht per Du) anreden. In der deutschen Sprache haben wir diese Form (Höflichkeit-Sie) **nicht** bei III. Person Singular.

Auf der linken Seite der Tabelle, ebenfalls bei III. Person sehen Sie die Wörter (van) und (vannak). Deswegen in Klammer, weil diese im Satz gar nicht verwendet werden!

Also bei "sein" brauchen Sie in der III. Person Sing. und Pl. kein "sein" Verb!

Der Kaffee ist gut. = A kávé jó.

Ich bin Melinda. = **Én** Melinda **vagyok**. Melinda **vagyok**. **Ich bin nicht** müde.= **Én nem vagyok** fáradt. **Nem vagyok** fáradt. Der Kaffee ist gut. = A kávé jó.	Ich habe zwei Kinder. = **Nekem** két gyerek<u>em</u> **van**. Két gyerek<u>em</u> <u>van</u>. Ich habe kein Auto. = **Nekem nincs** autó**m**. **Nincs** autó**m**. Heute <u>ist</u> (!!!) (ein) schöner Tag. = Ma szép nap **van**.

- <u>Links oben</u> sehen Sie einen Satz mit „**ich bin**" und einen Satz mit „**ich bin nicht**". Die Satzstellung bleibt immer gleich, Sie können diese Sätze für sich als Mustersätze verwenden. Diesen Satz können Sie z.B. verwenden, wenn Sie sich vorstellen. Das ist die einfachste und gängigste Form. Statt dem Namen können Sie beliebige Wörter einsetzen: z.B. Beruf, oder etwas, was mit „sein" ausgedrückt wird. Im Ungarischen sagt man „**Ich bin hungrig**" = „**éhes vagyok**". Das Personalpronomen (hier: ich = én) wird in ungarischen Sätzen meistens weggelassen, es sei denn, der Sprecher will **die Person** betonen. Im zweiten Beispielsatz: „Ich bin nicht müde". Hier sagt man normalerweise: „Nem vagyok fáradt". Sagt man jedoch „<u>Én</u> nem vagyok fáradt", ist zu verstehen: „<u>Ich</u> bin nicht müde". Nachdem die Personalpronomen also meistens fehlen, kann man die Person nur anhand der Endung am Verb erkennen.
- <u>Links unten</u>: Diese Möglichkeit haben Sie bereits auf der vorigen Seite kennengelernt: in III. Person braucht man kein Verb.
- <u>Rechts oben</u>: diese Sätze drücken einen Besitz aus. Das, was ich habe oder auch nicht habe. Hier besteht ebenfalls die Möglichkeit, „**nekem**" wegzulassen. „**Nekem**" ist nur dann zu verwenden, wenn ich betonen will, daß etwas **mir** gehört: „**Nekem** két gyerekem van". – hier wird betont, daß **ich** zwei Kinder habe und nicht jemand anderer. „Két

gyerekem van". – ist eine gewöhnliche Aussage. Beim Wort **gyerek = Kind** ist die Form gyerek**em** (= **mein Kind)** deswegen wichtig, damit man auch dann den Satz versteht, wenn ein Wort im Bezug auf Person **(ich, mir = én, nekem)** weggelassen wird. Sonst wüsste man nicht, wer gemeint ist, denn weder das Wort „**két = zwei**", noch das Wort „**van = haben**" lässt die Person, die/der gemeint ist, erkennen. Die einzige Möglichkeit ist, eine Endung an das Hauptwort anzuhängen, „**m**" steht für „**m**eine Person".

Und vielleicht erinnern Sie sich noch an die Regelung bei den Zahlen: wenn Sie die Anzahl nennen, brauchen Sie keine Mehrzahlendung! *(Hier ist nur ein Zufall, daß das Wort **gyerek** = **Kind** auch im Singular auf „k" endet!!! Die Mehrzahl wäre: **gyerekek = Kinder**.)*

Etwas, was ich **nicht habe** ist **nincs. Bitte nur dieses eine kurze Wort! Nincs und van können nicht im selben Satz sein! Das ist ein häufiger Fehler!**
Viele sagen z.B. „Ich habe kein Auto." = „Nekem nincs van autóm." Falsch! Die meisten Sprachlerner sind der Ansicht, daß das kurze Wort „nincs" nicht ausreichen würde, um „nicht haben" auszudrücken. Im Ungarischen reicht es aber.

- Rechts unten: Der deutsche Satz: „Heute ist (ein) schöner Tag" ist in unserem Fall: „**Heute hat es (einen) schönen Tag.**" = „**Ma szép nap van**".
Vergessen Sie nicht, die neuen Wörter immer gleich zu notieren! **Heute = ma und schön = szép.**

3. Tag

Liste einiger Verben

Verben mit bestimmter und unbestimmter Konjugation	-ik Verben	III. Gruppe – Verben für Bewegung bzw. Nicht-Bewegung usw.
anrufen - felhívni	*abendessen - vacsorázni*	sich ausruhen - pihenni
bitten - kérni	*ankommen - érkezni*	bleiben - maradni
bringen - hozni	*arbeiten - dolgozni*	sich freuen - örülni
erklären - magyarázni	<u>*essen - enni*</u>	<u>gehen - menni</u>
geben - adni	*frühstücken - reggelizni*	gratulieren - gratulálni
helfen - segíteni	*golfspielen - golfozni*	<u>kommen - jönni</u>
hören-hallani/hallgatni	<u>*liegen - feküdni*</u>	laufen –
kennen - ismerni	*rauchen –*	szaladni/futni
kochen - főzni	*cigarettázni/ dohányozni*	leben - élni
lassen - hagyni	*reisen - utazni*	losfahren – indulni
lernen - tanulni	<u>*schlafen - aludni*</u>	mittagessen- ebédelni
lesen - olvasni	*spielen - játszani*	sitzen – ülni
machen - csinálni	*sich treffen - találkozni*	spazieren - sétálni
(mittagessen – ebédelni) - selten	<u>*trinken - inni*</u>	sporteln - sportolni
mögen/lieben - szeretni	*wohnen - lakni*	stehen - állni
sagen - mondani		tanzen - táncolni
schreiben -írni		telefonieren - telefonálni
sehen - látni		
schauen - nézni		
sprechen – beszélni		
verstehen - érteni		
vorstellen – bemutatni		
warten - várni		
wissen - tudni		
wollen - akarni		
wünschen - kívánni		

Die unterstrichenen Verben in der 2. und 3. Spalte werden sehr außergewöhnlich konjugiert.

-bei „hören" = **„hallani"** ist Hörvermögen gemeint, **„hallgatni"** = Musik hören

4. Tag

én (ich)

Bestimmte Form		
felhívom	vacsorázom	**pihenek**
kérem	*érkezem*	**maradok**
hozom	*dolgozom*	**örülök**
magyarázom	*eszem*	**megyek**
adom	*reggelizem*	**gratulálok**
segítem	*golfozom*	**jövök**
hallom/	*fekszem*	**ebédelek**
hallgatom	*cigarettázom/*	**szaladok/futok**
ismerem	*dohányzom*	**élek**
főzöm	*utazom*	**indulok**
hagyom	*alszom*	**ülök**
tanulom	*játszom*	**sétálok**
olvasom	*találkozom*	**sportolok**
csinálom	*iszom*	**állok**
szeretem	*lakom*	**táncolok**
mondom		**telefonálok**
írom		
látom		
nézem		
beszélem		
értem		
bemutatom		
várom		
tudom		
akarom		
kívánom		

5. Tag

én (ich)

Unbestimmte Form		
felhívok		
kérek		
hozok		
magyarázok		
adok		
segítek		
hallok/ hallgatok		
ismerek		
főzök		
hagyok		
tanulok		
olvasok		
csinálok		
szeretek		
mondok		
írok		
látok		
nézek		
beszélek		
értek		
bemutatok		
várok		
tudok		
akarok		
kívánok		

Versuchen Sie bitte nicht, alle Verben auf einmal zu lernen! In der Tabelle sind 56 Verben angeführt und Sie werden sicher einige, die in der Tabelle nicht zu finden sind, noch brauchen. Wichtig ist, dass Sie sich an die Endungen bei jeder Person gewöhnen und das geht eben am leichtesten, wenn Sie zuerst viele Möglichkeiten für jeweils eine Person sehen. Diese Tabellen werden ein sehr wichtiger Teil sein, wenn Sie später selbständig Sätze bilden möchten – Sie sollten die Tabellen immer bei der Hand haben. In meinen Ungarischkursen kopiere ich die Verbtabelle und die Tabelle mit den Endungen immer auf buntes Papier. Vielleicht probieren Sie auch, mit Farbstiften und bunten Kopien zu arbeiten – es könnte sehr hilfreich sein, vor allem, wenn Sie ein visueller Lerntyp sind.

Und nun einige Beispiele zu den ersten Tabellen:

Bitte **einen** Kaffee!   Kérek **egy** kávét!
Bitte **den** Kaffee!   Kér**em** a kávét!
Bitte **meinen** Kaffee!   Kér**em** a kávé**m**at!

- Im ersten Satz finden Sie die **unbestimmte Konjugation**. Unbestimmt deswegen, weil der Ungar nicht vom (bestimmten) Kaffee ausgeht, sondern vom **unbestimmten Artikel**: „einen" (Kaffee). **Und egal, welche Zahl in einem Satz steht, alle Zahlen gelten ebenfalls als Erweiterung von ein, eine als unbestimmte Artikel!**

Im Satz: „Ich lese fünf Bücher." muss man ebenfalls die unbestimmte Konjugation anwenden: „Öt könyvet olvasok."

- Im zweiten Satz sehen Sie den **bestimmten Artikel** „a" (kávét) und dazu beim Verb die Endung der bestimmten Konjugation.
- *Im dritten Satz – ebenfalls mit bestimmter Konjugation sehen Sie beim Wort „kávé" sogar zwei Endungen angehängt: kávé – m – at: „m" steht für*

„meinen" = Besitz und „-at" ist die Akkusativendung. Wenn Sie sich noch erinnern können, ist „é" – bei „kávé" ein Ausnahmefall, deswegen muss man bei der Vokalharmonie diesmal auf die Vorsilbe schauen. Nachdem dort ein „á" steht, ist –„at" die richtige Akkusativendung. Ich kann mir ungefähr vorstellen, was Sie jetzt denken! Was man alles immer berücksichtigen muss! Und dazu die Ausnahmen!
Hier noch ein Satz:
Ich rufe meinen Freund an. = Felhívom a barátomat.
Ähnliche Situation, wie im vorigen Satz: das Verb „anrufen" = „felhívni" beinhaltet auch die Ausnahme „í". Und trotzdem sagt man hier nicht „felhívem"! Wie es aussieht, haben wir hier wieder mit einer „Ausnahme der Ausnahme" zu tun.

Übrigens: Eigennamen, wie z.B. Péter, Magyarország verlangen immer nach der bestimmten Konjugation, ohne dass im Satz der bestimmte Artikel vorkommen muss: **Ich sehe Peter. = Látom Pétert.**

Wie finden Sie folgende Sätze, sind sie korrekt oder falsch?

Ich sehe **das** Auto. (Én) látok **az** autót.
Ich lese **ein** Buch. (Én) olvasom **egy** könyvet.

Beide Sätze sinf falsch, denn "látok" wäre die unbestimmte Konjugation und im ersten Satz brauche ich durch „das" bzw. „az" die bestimmte Konjugation.
Der Satz lautet richtig: **(Én) lát<u>om</u> az autót**.
Beim zweiten Satz; „ein" bzw, „egy" ist ein unbestimmter Artikel und „olvasom" ist die bestimmte Konjugation. Richtig: **(Én) olvas<u>ok</u> egy könyvet.**

VII. Woche

1. Tag

te (du)

Bestimmte Form		
felhívod	vacsorázol	pihensz
kéred	érkezel	maradsz
hozod	dolgozol	örülsz
magyarázod	*eszel*	**mész**
adod	reggelizel	gratulálsz
segíted	golfozol	**jössz**
hallod/	*fekszel*	ebédelsz
hallgatod	cigarettázol/	szaladsz/futsz
ismered	dohányzol	élsz
főzöd	utazol	indulsz
hagyod	*alszol*	ülsz
tanulod	játszol	sétálsz
olvasod	találkozol	sportolsz
csinálod	*iszol*	állsz
szereted	laksz (!)	táncolsz
mondod		telefonálsz
írod		
látod		
nézed		
beszéled		
érted		
bemutatod		
várod		
tudod		
akarod		
kívánod		

2. Tag

te (du)

Unbestimmte Form		
felhívsz		
kérsz		
hozol		
magyarázol		
adsz		
segítesz		
hallasz/ hallgatsz		
ismersz		
főzöl		
hagysz		
tanulsz		
olvasol		
csinálsz		
szeretsz		
mondasz		
írsz		
látsz		
nézel		
beszélsz		
értesz		
bemutatsz		
vársz		
tudsz		
akarsz		
kívánsz		

3. Tag

ő, Ön (er/sie, Sie)

Bestimmte Form		
felhívja	*vacsorázik*	**pihen**
kéri	*érkezik*	**marad**
hozza	*dolgozik*	**örül**
magyarázza	*eszik*	**megy**
adja	*reggelizik*	**gratulál**
segíti	*golfozik*	**jön**
hallja/	*fekszik*	**ebédel**
hallgatja	*cigarettázik/*	**szalad/fut**
ismeri	*dohányzik*	**él**
főzi	*utazik*	**indul**
hagyja	*alszik*	**ül**
tanulja	*játszik*	**sétál**
olvassa	*találkozik*	**sportol**
csinálja	*iszik*	**áll**
szereti	*lakik*	**táncol**
mondja		**telefonál**
írja		
látja		
nézi		
beszéli		
érti		
bemutatja		
várja		
tudja		
akarja		
kívánja		

4. Tag

ő, Ön (er/sie, Sie) - *die einfachste Form! Wenn Sie vom Infinitiv – z.B. felhívni - die Endung –„ni" weglassen (Ausnahmen gibt es hier natürlich auch!) haben sie automatisch diese Konjugation*

Unbestimmte Form		
felhív		
kér		
hoz		
magyaráz		
ad		
segít		
hall/		
hallgat		
ismer		
főz		
hagy		
tanul		
olvas		
csinál		
szeret		
mond		
ír		
lát		
néz		
beszél		
ért		
bemutat		
vár		
tud		
akar		
kíván		

5. Tag

mi (wir) —*bei einigen fettgedruckten Verben, wie z.B. „hozzuk", „magyarázzuk", „főzzük", „olvassuk", „nézzük" ist die Assimilierung der Buchstaben (statt „j"jeweils „z") nur wegen der leichteren Aussprache notwendig: vergleichen Sie: „hozjuk" oder „hozzuk" ist leichter aussprechbar? Letztere Möglichkeit ist weicher, geschmeidiger und melodischer, worauf in der ungarischen Sprache stets Wert gelegt wird.*

Bestimmte Form		
felhívjuk	*vacsorázunk*	**pihenünk**
kérjük	*érkezünk*	**maradunk**
hozzuk	*dolgozunk*	**örülünk**
magyarázzuk	*eszünk*	**megyünk**
adjuk	*reggelizünk*	**gratulálunk**
segítjük	*golfozunk*	**jövünk**
halljuk/	*fekszünk*	**ebédelünk**
hallgatjuk	*cigarettázunk/*	**szaladunk/futunk**
ismerjük	*dohányozunk*	**élünk**
főzzük	*utazunk*	**indulunk**
hagyjuk	*alszunk*	**sétálunk**
tanuljuk	*játszunk*	**sportolunk**
olvassuk	*találkozunk*	**állunk**
csináljuk	*iszunk*	**táncolunk**
szeretjük	*lakunk*	**telefonálunk**
mondjuk		
írjuk		
látjuk		
nézzük		
beszéljük		
értjük		
bemutatjuk		
várjuk		
tudjuk		
akarjuk		
kívánjuk		

VIII. Woche

1. Tag
mi (wir)

Unbestimmte Form		
felhívunk		
kérünk		
hozunk		
magyarázunk		
adunk		
segítünk		
hallunk/		
hallgatunk		
ismerünk		
főzünk		
hagyunk		
tanulunk		
olvasunk		
csinálunk		
szeretünk		
mondunk		
írunk		
látunk		
nézünk		
beszélünk		
értünk		
bemutatunk		
várunk		
tudunk		
akarunk		
kívánunk		

2. Tag

ti (ihr)

Bestimmte Form		
felhívjátok kéritek hozzátok magyarázzátok adjátok segítitek halljátok/ hallgatjátok ismeritek főzitek hagyjátok tanuljátok olvassátok csináljátok szeretitek mondjátok írjátok látjátok nézitek beszélitek értitek bemutatjátok várjátok tudjátok akarjátok kívánjátok	*vacsoráztok* *érkeztek* *dolgoztok* *esztek* *reggeliztek* *golfoztok* *feküsztök/fekszetek* *cigarettáztok/* *dohányoztok* *utaztok* *alusztok/alszotok* *játszotok* *találkoztok* *isztok* *laktok*	**pihentek** **maradtok** **örültök** **mentek** **gratuláltok** **jösztök/jöttök** **ebédeltek** **szaladtok/futtok** **éltek** **indultok** **ültök** **sétáltok** **sportoltok** **álltok** **táncoltok** **telefonáltok**

3. Tag

ti (ihr)

Unbestimmte Form		
felhívtok kértek hoztok magyaráztok adtok segítetek hallotok/ hallgattok ismertek főztök hagytok tanultok olvastok csináltok szerettek mondtok írtok láttok néztek beszéltek ért(e)tek bemutattok vártok tudtok akartok kívántok		

4. Tag

ők, Önök (sie, Sie)

Bestimmte Form		
felhívják kérik hozzák magyarázzák adják segítik hallják/ hallgatják ismerik főzik hagyják tanulják olvassák csinálják szeretik mondják írják látják nézik beszélik értik bemutatják várják tudják akarják kívánják	*vacsoráznak* *érkeznek* *dolgoznak* *esznek* *reggeliznek* *golfoznak* *feküsznek/fekszenek* *cigarettáznak/* *dohányoznak* *utaznak* *alusznak/alszanak* *játszanak* *találkoznak* *isznak* *laknak*	**pihennek** **maradnak** **örülnek** **mennek** **gratulálnak** **jönnek** **ebédelnek** **szaladnak/futnak** **élnek** **indulnak** **ülnek** **sétálnak** **sportolnak** **állnak** **táncolnak** **telefonálnak**

5. Tag

ők, Önök (sie, Sie)

Unbestimmte Form		
felhívnak		
kérnek		
hoznak		
magyaráznak		
adnak		
segítenek		
hallanak/		
hallgatnak		
ismernek		
főznek		
hagynak		
tanulnak		
olvasnak		
csinálnak		
szeretnek		
mondanak		
írnak		
látnak		
néznek		
beszélnek		
értenek		
bemutatnak		
várnak		
tudnak		
akarnak		
kívánnak		

Ergänzung zum Thema Zeitwörter

Bitte betrachten Sie die Tabellen mit den Verbkonjugationen lediglich als Arbeitstabellen, nicht etwas, was Sie auswendig lernen sollten!

- Bestimmte und unbestimmte Konjugation kommt hauptsächlich bei den Verben der ersten Gruppe (immer die erste Spalte) vor, bei den –„ik"-Verben und in der dritten Gruppe kann man die Konjugation nicht wirklich als bestimmt oder unbestimmt bezeichnen, bei einigen gibt es kein Objekt –
z.B. bei „menni" = „gehen" oder „jönni" = kommen, so wie dies bei den Verben der ersten Gruppe der Fall ist.
- Modalwerben (z.B. „möchten") gibt es auch nicht in der für uns bekannten Form. Für das Wort „möchten" wird das Wort „lieben/mögen" in einer etwas veränderten Form verwendet:

ich liebe/mag = szeretem
ich möchte = szeretné̲m

Häufig zu hören statt „Kérek egy kávét!" ist „Ké**rné**k egy kávét" – letztere Variante ist höflicher.
- Der Ungar sagt Wesentliches oft sehr kompakt, so wie das bei **„Ich liebe dich"** der Fall ist: Hier genügt ein kurzes **„Szeret̲lek"** und schon ist alles gesagt, wofür im Deutschen 3 Wörter notwendig sind. Sie sehen, daß im Wort ein Laut „l" „versteckt" wurde und schon ist die Bedeutung eine ganz andere. Beim Verb **„warten"** = **„várni"** ist ähnlich:
„ich warte auf dich" = **„várlak"** oder bei
„ich rufe dich an" = **„felhívlak"**
„ich sehe dich" = **„látlak"**.

Übungen

1. Versuchen Sie mit Hilfe der Tabellen die passenden Endungen zu finden: Handelt es sich um ein Verb aus der ersten Gruppe (=erste Spalte), schreiben Sie beide Möglichkeiten – bestimmt und unbestimmt – auf:

(én) olvas.......   (te) főz............
(ti) szalad.......   (ők) fut..........
(én) fut.........   (te) olvas......
(mi) ír............ (ti) sétál.........
(én) főz........... (ő) szalad........

Und jetzt einige Zeitwörter, die Sie in den Tabellen nicht finden. Üben Sie die Konjugation!

Suchen   keresni
(sich) beeilen   sietni
fragen   kérdezni
kaufen/einkaufen   vásárolni

Kleine Hilfe: „suchen", „fragen" und „kaufen/einkaufen"=
I. Gruppe, „sich beeilen"= III. Gruppe.
Schreiben Sie die Konjugation dieser Verben für sich, als „Hausaufgabe"!

2. Osztrák turista érkezik.
   A turista Budapesten lakik.
   Übersetzen Sie die zwei Sätze!
   Schreiben Sie die Sätze in Mehrzahl! „Osztrák" im ersten Satz und „Budapesten" bleiben gleich, die anderen Wörter (Hauptwort und Verb) bekommen eine Endung.

3. Wir sehen **das** Theater.
   Wir sehen **ein** Theater.
   Übersetzen Sie beide Sätze und achten Sie auf die Endung des Verbs: im ersten Satz haben Sie bestimmte Konjugation, im zweiten Satz unbestimmte Konjugation.

IX. Woche

1. Tag

Auflösung der Übungen

2. Osztrák turista érkezik.
Österreichischer Tourist kommt an.

Osztrák turisták érkez**nek**.
Österreichische Touristen kommen an.

A turista Budapesten lakik.
Der Tourist/die Touristin wohnt in Budapest.

A turisták Budapesten lak**nak**.
Die Touristen wohnen in Budapest.

3. Wir sehen **das** Theater.
(Mi) lát**juk a** színház**at**.

Wir sehen **ein** Theater.
(Mi) lát**unk egy** színház**at**.

Die Endung „mit"

Die Endung „mit" kann ursprünglich als –„val"/-„vel" übersetzt werden. –„val"/"vel" kommt aber nur dann vor, wenn das Wort / der Name auf a, e, i, o, ö, u oder ü endet. Bei Wörtern, die einen Mitlaut am Ende haben, wird statt „v" aus –„val"/-„vel" der letzte Mitlaut verdoppelt.
Damit Sie diese Endung, die so viele Möglichkeiten hat, wie Mitlaute x 2 (paarweise – wegen der Vokalharmonie...) leichter verstehen *(ich möchte hier lieber gar nicht so konkret sein und sagen, dass es über 40*

sind) lesen Sie zuerst Namen, die Sie in der ersten Woche kennen gelernt haben, mit der –„val" / -„vel" – Endung.

-„val" / -„vel" - bei Wörtern / Namen mit Selbstlaut am Ende		-„...al"/-„...el" – bei Wörtern / Namen mit Mitlaut am Ende	
Anna	Anná**val**	Ádám	Ádám**mal**
Béla	Bélá**val**	Emil	Emil**lel**
Cecília	Cecíliá**val**	Ferenc	Ferenc**cel**
Csaba	Csabá**val**	György	
Dóra	Dórá**val**	(Györgygyel)/Györg**gyel**	
Éva	Évá**val**	István	István**nal**
Gabi	Gabi**val**	János	János**sal**
Helga	Helgá**val**	Lajos	Lajos**sal**
Kati	Kati**val**	Ödön	Ödön**nel**
Nóra	Nórá**val**	Péter	Péter**rel**
Ottó	Ottó**val**	Róbert	Róbert**tel**
Tibi	Tibi**vel**	Szilárd	Szilárd**dal**
Feri	Feri**vel**	Tibor	Tibor**ral**
Ede	Edé**vel**	Viktor	Viktor**ral**
		Zoltán	Zoltán**nal**
		Zsolt	Zsolt**tal**

Endet das Wort auf a oder e, bei einer –val / -vel Endung wird daraus á und é – z.B. Anna – Annával / Ede – Edével. Aber Sie kennen diese Situation bereits: mit einer Endung können Längezeichen entstehen und verschwinden.

Wenn das Wort einen Doppelbuchstaben am Ende hat, so wie beim Namen „György", wird bei der Endung ein Buchstabe weggelassen, Bei György ein „y", beim Wort **„autóbusz" = „Autobus"** ein „z" :

mit Autobus = autóbus**szal**

Ich fahre mit Autobus. = Autóbusszal megyek/utazom.

(Im Ungarischen verwendet man statt „fahren" das Wort „gehen" = „menni". „Utazni", das eigentliche

Wort für „fahren" wird meistens nur dann verwendet, wenn eine Reise über längere Zeit gemeint ist.)

In der Tabelle sind nicht alle Möglichkeiten für die „mit" Endung angeführt, aber Sie verstehen, wie diese Endung gebildet wird. Noch ein Beispiel, damit sie gleich das Paar –„tal" / -„tel" nebeneinander sehen:

    mit Helmut   *Helmut**tal***
    mit Herbert   *Herbert**tel***

Schreiben Sie noch beliebige Namen auf und üben Sie!

Versuchen Sie nun diese Endung auch bei Wörtern umzusetzen:

    mit Auto   **autó_val_**
    mit Milch   **tej_jel_**
    mit Zucker   **cukor_ral_**

Und jetzt in kurzen Sätzen:

Ich fahre mit Auto.	Autó**val** megyek.
Bitte einen Kaffee mit Milch und Zucker.	Kérek egy kávét tej**jel** és cukor**ral**.
Bitte den Kaffee mit Milch und Zucker.	A kávét tej**jel** és cukor**ral** kérem.

Sie haben hier „**Milch**" = „**tej**" sowie „**und**" = „**és**" als neue Wörter.

Bei den letzten Beispielen sehen Sie einmal die unbestimmte, einmal die bestimmte Konjugation (kér**ek** ... **egy** kávét und kér**em**....**a** kávét), sowie dass die Satzstellung in ungarischen Sätzen flexibel ist: das Verb kann auch am Anfang des Satzes stehen.

2. Tag

Die Endung „aus"

Außer der bereits kennengelernten –„i"-Endung, die ebenfalls für „aus" steht, gibt es hier eine weitere Möglichkeit, nämlich das Endungspaar –„ból" / -„ből". Diese Endung steht aber nicht nur für Ortsbestimmung auf die Frage „woher?" oder „von wo?" = „honnan?"

Von wo kommen Sie?	Ön **honnan** jön?
Aus Sopron?	Sopron**ból**?

„Aus" kann ausdrücken, woraus etwas besteht, z.B. aus „Eisen"= „vas"

aus Eisen	vas**ból**
aus Glas	üveg**ből**

Versuchen Sie, die bisher gelernten Endungen für sich in einer Tabelle festzuhalten. Es folgen noch sechs Endungen und in Tabellen-Form haben Sie einen besseren Überblick.

Übung

Mit keresel?	*Was suchst du?*
Kit keresel?	*Wen suchst du?*
Mit olvasol?	*Was liest du?*
Mit nézel?	*Was schaust du?*
Mit hallgatsz?	*Was hörst du?*
Mit főzöl?	*Was kochst du?*
Mit vásárolsz?	*Was kaufst du?*

„*mit?*" bzw. „*kit?*" = „*was?*" bzw. "*wen?*"
Das -"t" am Ende des Fragewortes ist die Akkusativ-Endung und dieses -„t" muss auch bei der Antwort angehängt werden.

Versuchen wir nun, diese Sätze zu beantworten:

Mit keresel?	*Az autót. Az autómat.*
	Az autót keresem.
	Én az autómat keresem.
Kit keresel?	*Pétert.*
	Pétert keresem.
	Én Pétert keresem.
Mit olvasol?	*Könyvet.*
	Egy könyvet olvasok.
	Én egy könyvet olvasok.
Mit nézel?	*Tévét.*
	Tévét nézek.
	Én tévét nézek.
Mit hallgatsz?	*Rádiót.*
	Rádiót hallgatok.
	Én rádiót hallgatok.
Mit főzöl?	*Kávét.*
	Kávét főzök.
	Én kávét főzök.
Mit vásárolsz?	*Piros paprikát.*
	Piros paprikát vásárolok.
	Én piros paprikát vásárolok.

<u>Die erste Antwort</u> ist immer die kürzeste Antwort, ein einziges Wort, mit Akkusativ –„t" am Ende. Beim ersten Satz sehen Sie als Antwort die Variante „Autó**mat**", was soviel bedeutet, wie „mein Auto", zwei Endungen können also auch angehängt werden.

<u>Der zweite Satz</u> ist jeweils die übliche Antwortform.

<u>Im dritten Satz</u> wird zusätzlich die Person, hier „ich" = „én" betont.

3. Tag

Die Familie

Bei diesem Thema werden Sie nicht nur Ihren Wortschatz erweitern, sondern noch andere Besonderheiten auch kennen lernen. Zum Beispiel, dass bei einem verheirateten Mann das Wort „verheiratet" anders ist, als bei einer Frau. Oder dass jüngere und ältere Geschwister einzelne Bezeichnungen haben. Der Ungar will eben alles, was die Familie betrifft genau wissen...
Die Wörter, die Sie hier sehen, kommen in der angeführten Form fast ausschließlich in Wörterbüchern vor. In einer Konversation – eigentlich immer, wenn über die Familie gesprochen wird, werden die betreffenden Wörter mit der Possessivendung / Genitivendung versehen: **„bátya"**, der **„ältere Bruder"** steht im Wörterbuch, gesprochen wird aber über **„bátyám"** = **„m**ein älterer Bruder" usw., mit entsprechenden Genitivendungen.

wichtige Wörter	männliche Personen	weibliche Personen
- Familie - család	- Bräutigam – võlegény	- Braut – menyasszony
- heiraten – összeházasodni /megházasodni	- Ehemann – férj	- Ehefrau - feleség
	- verheiratet sein – nõs	- verheiratet sein - férjes
- geboren werden- születni	- ledig - nõtlen	- ledig – hajadon *(fast nur mehr schriftlich, in der Amtssprache oder Formulare), nem férjes „Nem vagyok férjes" – ich habe keinen Ehemann – sagen Frauen in dieser Situation.*
- Vermählung – eljegyzés		
- Hochzeit- esküvõ		
- Hochzeitstag – házassági évforduló		
- verheiratet sein – házas (für Mann und Frau)		
- Lebensgefährte - élettárs		
- verwitwet - özvegy		

wichtige Wörter	männliche Personen	weibliche Personen
Name – név	Mann – férfi	Frau – nő
Familienname - családnév	Schwiegervater – após	Schwiegermutter - anyós
	Vater – apa /édesapa	Mutter – anya/édesanya
Vorname – keresztnév	Großvater – nagyapa	Großmutter – nagyanya
Verwandtschaft - rokonság	**Sohn/Bub - fiú**	Tochter/Mädchen – lány
	älterer Bruder – bátya	ältere Schwester – nővér
Eltern – szülők	jüngerer Bruder – öcs	jüngere Schwester – húg
Kind – gyerek / gyermek	Onkel – nagybácsi	Tante – nagynéni
Zwilling/e – iker / ikrek	Schwager – sógor	Schwägerin – sógornő
Enkel – unoka	Schwiegersohn – vő, vej	Schwiegertochter – meny
Geschwister – testvér	Freund – barát	
Cousin – unokatestvér		Freundin - barátnő

Wichtig! Die hier angeführten Wörter sind natürlich nicht die einzigen Möglichkeiten, es gibt immer Synonymwörter z.B. für „Mutter" nicht nur „anya", sondern auch „anyu", „mama" oder für den älteren Bruder nicht nur „bátya" sondern auch „fivér" usw.

*Ich möchte hier noch einige Besonderheiten erwähnen. - - Beispielsweise das Wort für **„Geschwister"** = **„testvér"**, das wörtlich „Körperblut"(Körper = test, Blut = vér) heißt, ist ein gutes Beispiel dafür, daß in der ungarischen Sprache selbst die alltäglichsten Wörter ihre metaphorische Herkunft deutlich erkennbar in sich tragen. Vielleicht verstehen Sie jetzt, wie der Ungar wirklich denkt: meistens in Bildern, Symbolen und das könnte eben der Grund sein, warum diese Sprache den meisten Sprachlernern schwierig erscheint.*

*- **Sohn/Bub = fiú** - wenn hier über **„meinen Sohn"** gesprochen wird, heißt es richtig **„fiam"** und nicht „fiúm". Das ist äußerst wichtig, denn „fiúm" wäre eher mein Freund, womöglich mein Liebhaber und das falsche Wort könnte hier für eine Frau besonders peinlich sein!*

- *Frau* = *nő*, *Freundin* = *barátnő*, *meine Freundin* = *barátnőm* – diese schöne Reihe klarer Wörter könnte Sie schon wieder in Versuchung führen, Ihre logische Denkweise einzusetzen. Viele Männer denken, dass demnach „nőm" = meine Frau heißen müsste – ist aber nicht der Fall! „Nőm" wäre nämlich die Liebhaberin! Soviel über mögliche Stolpersteine.
- „*Öcsi*" - bestimmt haben Sie auch schon dieses Wort gehört. Öcsi ist mit „*öcs*" = „*jüngerer Bruder*" verwandt, ist also kein Name, sondern eher eine Koseform. Jemand, der „Öcsi" genannt wird, muss also ältere Geschwister auch haben.
- „*Bácsi*" und „*néni*" = „*Onkel*" und „*Tante*" sind Begriffe für ältere Personen, nicht also für Verwandte. Bei den Verwandten heißen Onkel und Tante nagybácsi und nagynéni (Tabelle).
- „*Puszi*" = „*Bussi*", „*Küsschen*" – sehr üblich, allgemeine Form der Begrüßung – wundern Sie sich also nicht, wenn Sie so etwas öfters sehen sollten.

Meine Familie - Családom

Hier sehen Sie einige Beispielsätze:

Férjes vagyok. (Achtung, das kann nur ich, als Frau sagen! Männer müssen hier „nős" einsetzen! Oder in Negierungs = Verneinungsform: Nem vagyok nős.)
(Nekem) két gyerekem van, egy fiú és egy lány.
(Nekem) egy bátyám van. Ő Budapesten lakik. A bátyám nem nős.
(Nekem) nincs sógornőm.
Haben Sie alle Sätze verstanden? Versuchen Sie auch selbständig Sätze über Ihre Familie zu schreiben!

Ich (Frau!) bin verheiratet. Ich habe zwei Kinder, ein Bub und ein Mädchen. Ich habe einen Bruder. Er lebt in Budapest. Mein Bruder ist nicht verheiratet (Mann!). Ich habe keine Schwägerin.

4. Tag

Berufe

Im Zuge einer Konversation wird man auch über den Beruf, den man ausübt, sprechen. Hier sehen Sie also eine kleine Sammlung einiger Berufe. Eine geschlechtliche Unterscheidung ist in diesem Fall meistens nicht notwendig, nur in seltenen Fällen fügt man die „weibliche" Endung hinzu: „**Frau**" = „**asszony**". In der vorigen Lektion haben Sie das andere Wort für Frau = „**nő**" kennengelernt.
Bei dem Wort „**Bürgermeisterin**" heißt es z.B. „**polgármester asszony**" oder „**Ministerin**" = „**miniszter asszony**". *(Übrigens: in Ungarn gibt es sehr viele Bürgermeisterinnen.)* „**Chefin**" kann sowohl „**főnöknő**" als auch „**főnökasszony**" sein, eine „**Ärztin**" ist „**doktornő**", eine „**Sekretärin**" ist „**titkárnő**".

Beruf	foglalkozás
Chef/Chefin	főnök/főnöknő
Sekretärin	titkárnő
IngenieurIn	mérnök/mérnöknő
Architekt	építész
Lehrer/In	tanár/tanárnő
Arzt/Ärztin	doktor/doktornő, orvos/orvosnő
Anwalt/Anwältin	ügyvéd/ügyvédnő
Notar	jegyző
JuristIn	jogász/jogásznő
JournalistIn	újságíró/újságírónő
Polizist	rendőr
Pfarrer	pap, lelkész
Geschäftsmann/Geschäftsfrau	üzletember/üzletasszony
Vertreter	ügynök
Angestellter	alkalmazott
ArbeiterIn	munkás/munkásnő
Kollege/Kollegin	kollega/kolleganő

Was ist Ihr/dein Beruf? = **Mi a foglalkozása/foglalkozásod?**
Ich bin Lehrerin. = **Tanárnő vagyok.**
Ich bin kein Arzt. = **Nem vagyok orvos.**

Hobbys

Je mehr Sie mit einem Ungar/ einer Ungarin befreundet sind, desto persönlicher wird das Gespräch. Sie werden gefragt, was Sie gern machen – oder eben was Sie nicht so gern machen oder Sie möchten erfahren, welche Hobbys Ihre ungarischen Bekannten haben.

Was ist Dein Hobby?	Mi a hobbyd?
Was machst Du gern?	Mit szeretsz csinálni?
Was magst Du nicht?	Mit nem szeretsz csinálni?

Auf die obigen Fragen können Sie z.B. folgende Antworten geben:

Ich schwimme gern.	Szeretek úszni.
Ich reise gern.	Szeretek utazni.
Ich lese gern.	Szeretek olvasni.
Ich mache gern Sport.	Szeretek sportolni.
Ich mag Bergsteigen.	Szeretek hegyet mászni.
Ich höre gern Musik.	Szeretek zenét hallgatni.
Ich mag nicht bügeln.	Nem szeretek vasalni.
Ich mag nicht putzen.	Nem szeretek takarítani.

Sie sehen, dass hier immer das Verb „szeretni" = „mögen"/"lieben" konjugiert wird, das Wort für das Hobby bleibt immer in Infinitivform, z.B. **„úszni"** – **„schwimmen"** (ein –„ik"-Verb).
Neue Wörter: **„hegy"** = **„Berg"** und **„zene"** = **„Musik"** sowie **„mászni"** = **„steigen"** (auch „kriechen"), **„vasalni"** = **„bügeln"** und **„takarítani"** = **„putzen"**. Bei diesem Wort könnte Ihnen auffallen, dass beim Anhängen der passenden Endung der Konjugation der Buchstabe "a" immer weggelassen wird:
„ich putze" heißt also nicht „én takarítaok", sondern **„én takarítok"** – wegen der leichteren Aussprache.

5. Tag

Eigenschaftswörter

Um sich in der Fremdsprache noch präziser ausdrücken zu können, brauchen Sie Eigenschaftswörter. Hier sehen Sie eine kleine Sammlung mit häufigen Eigenschaftswörtern sowie deren Steigerung:

Deutsch	Ungarisch	-bb	leg ...bb
lustig	vidám	vidámabb	legvidámabb
traurig	szomorú	szomorúbb	legszomorúbb
klein	**kicsi/kis**	kisebb	legkisebb
groß	nagy	nagyobb	legnagyobb
schön	**szép**	**szebb**	legszebb
hässlich	csúnya	csúnyább	legcsúnyább
neu	új	újabb	legújabb
alt (Gegenst.)	**régi**	**régebbi**	**legrégibb**
jung	fiatal	fiatalabb	legfiatalabb
alt (Person)	öreg	öregebb	legöregebb
kurz	rövid	rövidebb	legrövidebb
lang	**hosszú**	**hosszabb**	leghosszabb
leicht	**könnyű**	**könnyebb**	legkönnyebb
schwer	nehéz	nehezebb	legnehezebb
gut	jó	jobb	legjobb
schlecht	rossz	rosszabb	legrosszabb
schnell	gyors	gyorsabb	leggyorsabb
langsam	lassú	lassúbb	leglassúbb
kräftig	erős	erősebb	legerősebb
schwach	gyenge	gyengébb	leggyengébb
hell	világos	világosabb	legvilágosabb
dunkel	sötét	sötétebb	legsötétebb

*Wie Sie bereits sicher gemerkt haben: Ausnahmen oder Einzelfälle werden gekennzeichnet, indem ich Sie **fett** schreibe,* *wie auch bei einigen Eigenschaftswörtern in der Tabelle.*

Die Steigerung des Wortes
„viel" = „sok" „több" „legtöbb"

Das Fragewort „wie"? = „milyen"?

Im Satz:

Wie ist das Auto?	Milyen az autó?
schön, schnell	szép, gyors
Wie ist das Theater?	Milyen a színház?
groß	nagy
Wie ist der Film?	Milyen a film?
gut	jó

Weitere Eigenschaftswörter:

bequem	**kényelmes**
interessant	**érdekes**
langweilig	**unalmas**
teuer	**drága**
billig	**olcsó**

Um eine negative Antwort z.B. „**schlecht**" = „**rossz**" zu überbrücken, kann man auch „**nicht gut**" = „**nem jó**" verwenden. Ähnlich bei „**hässlich**" = „**csúnya**"; hier kann man „**nicht schön**" = „**nem szép**" sagen.

X. Woche

1. Tag

Die Endung „nach"/"in"/"ins"

Diese Endung, -„ba"/-„be" wird als Ortsbestimmung definiert und wird nach der Frage **„wohin?"** = **„hova?"** an das betreffende Wort angehängt.

Beispiele

Wo gehst Du hin?	**Hova mész?**
Wo gehen Sie hin?	**Hova megy?**
Wo fährst Du hin?	**Hova utazol?**
Wohin gehst du einkaufen ?	**Hova mész vásárolni?**

Mögliche Antworten:

- *„Színházba." „Kávéházba." „Bécsbe." „A Billába".*

- *"Színházba megyek". "Kávéházba megyek". "Bécsbe utazom". "A Billába megyek vásárolni".*

Zwei Ausnahmen sollten Sie sich hier auch merken:
- **„nach Hause"** = **„haza".**
Dieses „haza" ist ein eigenes Wort und steht mit **„Haus"** = **„ház"** in Verbindung. Wenn man nach Hause geht, geht man ja ins Haus. In diesem Fall finden Sie aber die –„ba"/-„be" Endung nicht, sondern diese eigene Wortkonstruktion.

- Genauso wie bei der Endung „an"/"am" =
-„n"/-„on"/-„en"- „ön"- gibt es ungarische Ortschaften, die hier eine andere Endung und nicht -„ba"/-„be" bekommen: Ungarn, die Hauptstadt Budapest und einige Ortschaften in Ungarn.
Wenn Sie aber **„nach Sopron"**, **„nach Győr"** sagen wollen, brauchen Sie sich keine Gedanken zu machen, denn hier gilt: "**Sopronba**", **„Győrbe"**.

Die Endung „auf"

Diese Endung, -„ra"/-„re" ist als Oberfläche zu verstehen und wird nach der Frage **„wohin?"** = **„hova?"** an das betreffende Wort angehängt. Bei den ungarischen Ortschaften, die als Ausnahme gelten, werden ebenfalls diese Endungen verwendet:

Wohin fährst du?   Hova utazol?
(Nach) Auf Ungarn.   Magyarországra.
(Nach) Auf Budapest.   Budapestre.

Noch mehr Ortschaften, bei denen man diese Endungen verwendet: **Szolnok, Szeged, Miskolc, Keszthely, Siófok u.a. Szolnokra, Szegedre, Miskolcra, Keszthelyre, Siófokra, usw.**

Übrigens: in der Umgangssprache sagt man bei uns auch: „Ich fahre auf Wien".

Ich lege das Buch   A könyvet az asztal**ra**
auf den Tisch.   teszem.

legen, geben	**tenni**
Buch	**könyv**
Tisch	**asztal**

2. Tag

Wiederholungsübung für die Endung „an/am" und Verbendungen.

1.) Übersetzen Sie die Sätze für sich und ergänzen Sie die fehlenden Endungen!

Hétfő....... színházba megyek. Kedd....... és szerda..........
magyarul tanul..... . Csütörtök...... vásárol...... Péntek......
pihen...... . Szombat...... levelet ír... . Vasárnap..... nem
dolgoz....... .

2.) Beantworten Sie die Fragen:

Mikor tanulsz? Mikor pihensz? Mikor vásárolsz? Mikor olvasol? Mikor főzöl? Mikor sétálsz? Mikor mész színházba?

In der ersten Übung, 2. Satz sehen Sie „**....magyarul tanul**". Das heißt soviel wie „**ungarisch lernen**" und gilt mit der Endung -„ul" bei „magyarul" als Redewendung. Man kann nicht wörtlich übersetzen, denn das ergibt nicht viel Sinn: „Ich lerne auf ungarische Weise." Es ist übrigens bei allen Fremdsprachen gleich. Wenn Sie sagen möchten: „**Ich lerne englisch**" = „**Angolul tanulok**". „**Ich lerne deutsch**" = „**Németül tanulok**." In diesen Sätzen haben Sie unbestimmte Konjugation!

Bei der ersten Übung können Sie selbst überprüfen, ob Sie die richtigen Endungen gewählt haben. Blättern Sie zurück und schauen Sie bei der entsprechenden Endung bzw. bei den Verbtabellen nach! Tipp: bei allen Verben aus der I. Gruppe haben Sie bei dieser Übung die unbestimmte Konjugation.

Bei der zweiten Übung, auf die Frage „**Wann?**" = „**Mikor?**" können Sie diesmal statt Tagen z.B. Tageszeiten einsetzen.
Wenn Sie eine Uhrzeit angeben, z.B. „um 8" = „8-kor/nyolc**kor**" lautet die Antwort.

3. Tag

Die Endung „über"

Die Endung, die als –„ról"-„ről" übersetzt wird, bezieht sich jedoch nicht nur auf die Frage „worüber?". In manchen Fällen steht sie für die Frage „woher?", wenn es um eine Oberfläche geht, z.B. **„vom Tisch"** = **„asztalról"**.
Oder wenn man über eine Person oder ein Ereignis spricht:
Ich spreche <u>über</u> Anna.   **Ann<u>áról</u> beszélek.**
Ich spreche <u>über</u> das „Schlendern". A ballagás<u>ról</u> beszélek.

Bei den ungarischen Ortschaftsbezeichnungen, die als Ausnahme gelten, hängt man auch diese Endung an:
„Kommst du aus Ungarn/Budapest/Miskolc/Szeged?"
„Magyarországról/Budapestről/Miskolcról/Szegedről jössz?"

(Im Normalfall gilt hier die –„ból/-„ből" Endung: Ausztriából, Bécsből, Sopronból, Győrből usw.)

Und was kann das **„Schlendern"** sein? Wieder eine ungarische Spezialität: am letzten Schultag ziehen die Maturantenklassen singend durch die geschmückten Klassenräume der Schule und drehen eine Runde um die Schule. **„Ballagás"** ist also eine Art Abschlußfeier von der Schule. Es kommen Eltern, Verwandte, Freunde und jene, die eingeladen wurden, bringen Blumen und Geschenke mit. Zeitpunkt dieses Feiers wird auf speziell für dieses Ereignis angefertigten Kärtchen (= ballagási kártya) bekanntgegeben. Diese Kärtchen beinhalten die Namen aller Lehrer und Schüler der Maturantenklassen und werden von den Schülern mit dem eigenen Foto versehen und verschickt. Jede Klasse hat auch ein riesiges **„tabló"** mit den Bildern der Schüler und Lehrer und diese sind jährlich ab etwa April in den Auslagen der Geschäfte zu sehen – beobachten Sie, wenn Sie nächstes Mal zu dieser Zeit in Ungarn sind!

Die Endung „woher"/"ab"

Bei dieser Endung, die als –„tól"/-„től" überstezt wird, ist entweder (1) eine Bewegung von einem Ausgangspunkt gemeint, oder (2) eine Zeitangabe „von". *(Hier ist der zweite Teil „bis" die bereits kennengelernte –„ig" Endung.)*
(3) „Von" aber auch als etwas von jemandem wissen, gehört haben usw.

(1) **Die Post ist weit (entfernt) von der Bank.**
= A posta messze van a banktól.
(2) **Ich arbeite von 9 Uhr früh.**
= Reggel 9-től dolgozom.
Ich arbeite von 9 Uhr früh bis 17 Uhr.
Reggel 9-től délután 5-ig dolgozom.
(Achten Sie hier auf die Formulierung nachmittags 5 Uhr!)
(3) Von Péter weiß ich die Telefonnummer.
= Pétertől tudom a telefonszámot.
Von Péter weiß ich *deine* Telefonnummer.
Pétertől tudom a telefonszám*od*at.

Wiederholungsübung.

Übersetzen Sie folgende Sätze:

Ich sehe das rote Auto.
Hörst du das Radio?
Sprichst du französisch?
Ich lese ein gutes Buch.

4. Tag

Auflösung der Übung :

Ich sehe das rote Auto.	**Látom a piros autót.**
Hörst du das Radio?	**Hallod a rádiót?**
Sprichst du französisch?	**Beszélsz franciául?**
Ich lese ein gutes Buch.	**Olvasok egy jó könyvet.**

Die Endung „zu wem"

Hier wird meistens eine Person angegeben. Die Endungsmöglichkeiten sind : -„ hoz"/-„hez"/-„höz".
Wenn ich diese Endung bei unseren Namen vom Anfang des Buches anhänge, sieht es so aus:

„Anná**hoz**"
„Emil**hez**"
„Ödön**höz**"

Im Satz:

Ich gehe zu Anna. = Anná<u>hoz</u> megyek.

Aber auch im folgenden Satz kommt die gleiche Endung:

**Die Pizza wird ins Haus geliefert. = A pizzát
ház<u>hoz</u> szállítják.**

liefern = szállítani

Die Endung „bei wem"

Diese Endung wird als −„nál/-„nél" übersetzt und meistens ist hier wieder eine Person gemeint. Kann aber z.B. auch für die Firma stehen, bei der jemand arbeitet.

Ich bin <u>bei</u> Eva. **Évá<u>nál</u> vagyok.**
Ich arbeite <u>bei</u> Siemens. **A Siemens<u>nél</u> dolgozom.**

5. Tag

Verbalpräfixe – so lautet die sprachwissenschaftliche Bezeichnung. Solche Wörter möchte ich Ihnen lieber ersparen und versuche, ganz einfach zu erklären, worum es geht:
Bei einem Verb kann man am Anfang des Wortes ein kurzes Wörtchen anhängen. Dadurch kann sich die Bedeutung verändern oder diese wird nur verstärkt und ist ungefähr so zu verstehen, dass die gemeinte Tätigkeit, die Idee, die ausgedrückt wird zu Ende geführt wird. Sehr häufig wird hier das Wörtchen „meg" + Verb verwendet.

Ein Beispiel:
>	essen	= enni
>	ich esse = eszem
>		**megeszem**

Man kann das Wort selbst gar nicht wörtlich wiedergeben.

Im Satz:
Ich esse das Mittagessen = Eszem az ebédet.
>	**Megeszem az ebédet.**

Die zweite Variante bedeutet, dass ich vorhabe, das Mittagessen wirklich ganz aufzuessen.

Weitere Möglichkeiten, bei dem Verb „gehen" = „menni"

hineingehen	**be**menni
hinausgehen	**ki**menni
hinuntergehen	**le**menni
hinaufgehen	**fel**menni
weggehen	**el**menni
hinüber gehen	**át**menni

Nicht bei jedem Verb kann man alle Verbalpräfixe verwenden. Bei dem obigen Beispiel kann man z.B. das „meg" mit dem Verb „menni" überhaupt nicht anwenden – zumindest nicht in einer gewöhnlichen Konversation, denn „megmenni" bedeutet so etwas, wie geistig nicht mehr berechenbar zu sein.

Wiederholungsübung
Endungen und Konjugation

Bedecken Sie bitte die letzte Zeile dieser Seite bevor Sie die Übung machen!
Ergänzen Sie die Sätze, indem Sie die Zeitwörter mit der richtigen Endung anführen:

1. Én hétfőtől péntekig .... (dolgozni).
2. Te hol .... (lakni)?
3. Ő .... (játszani) a gyerekekkel.
4. Én nem .... (reggelizni).
5. Ő szombaton ....………... (golfozni).
6. Te mit .... (enni) vacsorára?
7. **Te nem .... (kérni) egy kávét?**
8. Én a reggeli busszal .... (érkezni).

Wiederholen Sie auch die sonstigen Endungen, die Sie an den Hauptwörtern angehängt sehen!

Beim Satz 7. sehen Sie eine durchaus übliche ungarische Formulierung: „**Möchtest du nicht** einen Kaffee?" Gefragt wird also in der verneinender Form.
Wundern Sie sich also nicht, wenn Sie gefragt werden: „**Möchten Sie nicht ein Bier**" = „**Nem kér egy sört?**" und antworten Sie ruhig mit „**Ja!**" = „**Igen!**"

---

dolgozom/laksz/játszik/reggelizem/golfozik/eszel/kérsz/érkezem

XI. Woche

1. Tag

Tagesablauf

In der Tabelle sehen Sie die Verben nach Gruppen eingeteilt.

	Reggelizem: zsemlét, vajat, lekvárt, kávét – cukorral, tejjel.	
		Munkába **megyek**: autóval, busszal, vonattal...
Elolvasom az újságot.		
		Telefonálok a kollegámmal.
	Tízóraizom.	
Várok egy telefont.		
Átnézem a postámat.		
		12-kor **ebédelek**.
	Levest **nem eszem**, csak másodikat: bécsi szeletet, rizst, salátát és egy süteményt.	
	Iszom egy pohár ásványvizet. Az ebéd finom, ízlik.	Ebéd után fáradt **vagyok**.
	Iszom egy kávét.	
	Délután 4-ig **dolgozom**.	
		4-kor haza **megyek**.
	Vacsorázom: toast-ot, pizzát, hamburgert.	
	Iszom egy pohár bort/sört.	
Tévét **nézek**. **Megnézem** a híreket.		
	Este 10-kor **lefekszem** és reggel 7-ig **alszom**.	

Neue Wörter

zsemle	Semmel
vaj	Butter
lekvár	Marmelade
vonat	Zug
újság	Zeitung
tízóraizni	gabelfrühstücken/jausnen
leves	Suppe
második	Hauptspeise
bécsi szelet	Wiener Schnitzel
rizs	Reis
sütemény	Kuchen
pohár	Glas
ásvány/víz	Mineralwasser
finom	fein
ízlik	es schmeckt
bor	Wein
sör	Bier
hír	Nachricht

- Das Wort „tízóraizni" hat in sich „tíz óra" = „zehn Uhr" – gemeint ist also damit immer die Vormittags-Jause.
- „második" ist wörtlich übersetzt „zweite", gemeint ist die Hauptspeise weil diese als zweiter Teil des Mittagessens gegessen wird
- „finom" sagt man beim Essen, wenn etwas gut schmeckt – wenn es noch besser schmeckt: „**nagyon finom**" = „**sehr gut**"
- „ízlik" sieht zwar nach einem Verb aus, ist aber keines, da nur in dieser Form vorkommt, wird also nicht konjugiert! Dieses Wort gilt ausschließlich für Speisen und Getränke – wenn einem also etwas schmeckt. Wenn etwas anderes einem gefällt, z.B. ein Haus, ein Auto, verwendet man das Wort „**tetszik**".

2. Tag

Bindewörter

In den Sätzen, die Sie lesen, bzw. schreiben oder sagen werden, brauchen Sie neben Hauptwörtern, Zeitwörtern und Eigenschaftswörtern unbedingt auch solche Wörter, welche diese „zusammenhalten". Diese sind die Bindewörter. Hier eine kleine Sammlung:

und	és
aber	de
jedoch	azonban
obwohl	pedig
oder	vagy
sondern	hanem
weil	mert
deshalb	ezért/azért
daß, damit	hogy
wenn, falls	ha
wenn, als (zeitlich)	(a)mikor
wie, als	mint
so	így

Einkaufen

Sie haben für das Wort „kaufen" bereits das Verb „vásárolni" kennengelernt. Nun geht es aber um eine „stärkung" der Tätigkeit – „einkaufen" und hier kommt das Verbalpräfix – „be" zum Wort, dadurch entsteht „bevásárolni".
Sollten Sie in Ungarn einkaufen gehen, achten Sie auf die Prospekte! Nehmen Sie gleich einige mit nach Hause, denn sie können daraus sehr viele Vokabel fast nebenbei lernen: sie sehen die Abbildung des Produktes und darunter die

Bezeichnung auf ungarisch. Rechnungen können Sie natürlich auch mitnehmen und versuchen, die entsprechenden Produkte, die Sie gekauft haben, darauf zu finden. Auch eine leichte Art, die Sprache immer wieder zu üben.

Sollten Sie einmal unter Schlafstörungen leiden, hätte ich einen guten Tip für Sie: Tesco (Großmarktkette, wie Metro) in Sopron hat 24 Stunden offen!

3. Tag

Ungarische Spezialitäten

Die ungarische Küche ist dem allgemeinen Glauben nach scharf und viel zu fett und das Hauptgewürz ist Paprikapulver. Es gibt jedoch auch andere Spezialitäten außer „**gulyás**", die erwähnenswert sind:

- „**Halászlé**" = „**Fischsuppe**" (wörtlich: „Fischersaft", wird traditionell zu Weihnachten gegessen. Jährlich gibt es in Baja /Ortschaft in Ungarn – ein Wettbewerb im Fischsuppe-Kochen.
- Ebenfalls zu Weihnachten wird „**töltött káposzta**" **Krautroulade** (wörtlich: gefüllter Kraut) zubereitet.
- Als Nachtisch gibt es dann „**beigli**" = „**Beugel**": „**diós beigli**" = „**Nußbeugel**" oder „**mákos beigli**" = „**Mohnbeugel**".
- „**Barack pálinka**" = „**Marillenschnaps**" oder „**cseresznye pálinka**" = „**Kirschenschnaps**" sind ebenfalls bekannt, genauso wie „**Unicum**". Unicum ist ein Kräuterlikör – eine Medizin also.
- „**Lángos**" eine Art Pfannkuchen, der in Ungarn jedoch ganz anders schmeckt – wird außer „Knoblauch" = „fokhagyma" („Zwiebel" = „hagyma") auch mit „Sauerrahm" = „tejföl" und/oder „Käse" = „sajt" serviert.
- „**Lecsó**" = „**Letscho**" ist ebenfalls häufig auf der Speisekarte zu sehen

Bock & Seip Buchhandlung + Papeterie
Großer Markt 2
66740 Saarlouis
Tel.: 06831/50076-23/25
www.bock-seip.de

11.04.14/0079 16:27   Kasse: 02 EUR

Artikel Mg.   Preis   MwSt.   Summe

WGR 1112 Kibu + Jugend 19%
         1   9,95   19,00%   9,95

 TOTAL   1,59   9,95
  Nettoentgelt: EUR 8,36
  GEGEBEN Bar   10,00
  RÜCKGELD   0,05

Vielen Dank für Ihren Einkauf!
St.Nr.:04010606905
USt.Id.Nr.DE 168972140
Umtausch innerhalb von 14 Tagen
bitte nur gegen Kassenbon

CORSO Hírmondó

MENÜK MINDENNAPOKRA

Hungária 780,-
Gulyásleves csészében
Túrós csusza

Erdész 880,-
Vadgulyás csészében
Palacsinták fűszerezett vadhússal
vadasmártással

Apámuram 880,-
Csülkös bableves tejfelesen csészében
Szilvás gombócok fahéjas cukorral

Kímélő 990,-
Brokkoli krémleves mandulapehellyel
Csirkemell filék roston fűszervajjal,
párolt rizs

Halász 990,-
Rántott halfilé rizzsel és tartármártással
Somlói galuska

Kedvenc 990,-
Rántott csirkemáj vegyes körettel
Gesztenyés palacsinta
csokoládémártással

Jó étvágyat! Guten Appetit!

4. Tag

Budapest – die Hauptstadt

„Die **Hauptstadt** von Ungarn" = „Magyarország **fővárosa**"
(damit wir noch einmal die Genitiv-Endung üben) hat etwa 2 Millionen Einwohner.
Die Stadt wird von der **Donau** (= **Duna**) zweigeteilt: **Buda** und **Pest** sind die zwei Stadtteile.

Sehenswert sind nicht nur **Mátyás Templom** und **Halászbástya** sowie die vielen Museen. Es gibt auch zahlreiche **Thermalbäder** (= **termál fürdő**) in Budapest (Lukács, Gellért), einige sogar noch aus den Türken – Zeiten.
Die **Tropfsteinhöhlen** (= **cseppkő barlang**) sind ebenfalls sehenswert, sowie das mystische **Labyrinth** (= **labirintus**), dessen Besichtigung eine spirituelle Erfahrung ist – man kann sich sogar dort für eine Nacht ganz allein einsperren lassen.

Im unterirdischen Höhlensystem wurden die Keller der Häuser während des II. Weltkrieges zusammengelegt und so entstand das heutige Labyrinth von etwa 4000 qm. (www.labirintus.com)

„Lánchíd" = „Kettenbrücke" ist vor allem nach Einbruch der Dunkelheit ein sehr schöner Anblick.
„Váci utca" ist die berühmte Fußgängerstraße mit vielen Boutiquen und zahlreichen Touristen.
„Rózsadomb" (= „Rosenhügel") liegt im Stadtteil Buda, gilt als die vornehmste Gegend der Hauptstadt.

Von Sopron fahren täglich viermal Intercity-Züge nach Budapest, die Fahrzeit beträgt knappe 3 Stunden. Eine **Hin- und Retourkarte (oda-vissza menetjegy)** kostet etwas über 20 Eur.

Kleine Landeskunde

In Ungarn gibt es keine Bundesländer, sondern **„Komitate"** = **„megyék"**, deren Verwaltungsorgan die **„Selbstverwaltung"** = **„önkormányzat"** ist.

Wichtiger Fluß neben der **„Donau"** = **„Duna"** ist die **„Theiß"** = **„Tisza"**. Beliebtes Urlaubsziel ist der **„Plattensee"** = **„Balaton"**. Der Plattensee galt einst als ein beliebter Treffpunkt von Ost- und Westdeutschen.

Esztergom ist eine wichtige Stadt in Ungarn: hier residiert der Kardinal-Erzbischof und hier wurde der erste ungarische König, Stephan der Heilige geboren.

Eger diese barocke Kleinstadt ist vor allem im Zusammenhang mit dem **„Egri Bikavér"** (**„Erlauer Stierblut"**) bekannt.

„Kékes Tető" = **„Bläulicher Gipfel"** ist der höchste Berggipfel des Mátra-Gebirges und zugleich des ganzen Landes, dessen Höhe etwas mehr als 1000 m beträgt.

Unweit von Budapest, im **Pilis-Gebirge** liegt die Ortschaft **Dobogókő** (= pulsierender Stein"). Hier hatte der einstige Generalsekretär der Partei und Ministerpräsident Kádár János seine Wochenendresidenz und aus diesem Grund wurde die ganze Gegend damals strengstens überwacht. Diese Gegend gilt übrigens als Kraftort.

5. Tag

Sopron

Die deutsche Bezeichnung dieser Stadt ist Ödenburg.

Viele Ungarisch-Kursteilnehmer sagen mir oft, sie würden deswegen ungarisch lernen, weil die meisten Ungarn so gut deutsch können und es ist eigentlich schade, dass dieses Wissen, das den Großeltern noch selbstverständlich war, verloren gegangen ist.
Ja, es stimmt, dass viele Ungarn deutsch können, aber nicht nur, weil sie diese Sprache als Fremdsprache erlernt haben: es gibt eine deutsche Minderheit vor allem in der Gegend von Sopron, die sowohl die Sprache als auch die Bräuche stark pflegt.

In den Römerzeiten hieß Sopron Scarbantia.
Wenn Sie in der Innenstadt spazieren gehen, können Sie von der Geschäftsstelle der Uniqua-Versicherung (Eckgebäude) das „Forum romanum" besichtigen, den einstigen Marktplatz.
Die Stadt ist seitdem in die Höhe gewachsen, denn dort, wo wir heute stehen, befindet sich die Spitze der damaligen Säule.
In Sopron steht fast jedes Haus unter **Denkmalschutz (=műemlék)**.
Die Stadt ist über 700 Jahre alt – seit 1277 gilt Sopron als Freistadt.
Sehenswert ist der Weihnachtsmarkt am **Hauptplatz (= Fő tér)** sowie der Markt im Rahmen der Soproner Sommertage.
Wenn Sie dort sind, kosten Sie unbedingt den **„kürtős kalács"**, einen ganz speziellen Striezel aus Germteig.
Sopron ist auch mit dem Zug gut und schnell erreichbar: von Wien ca. 1 Stunde, von Wulkaprodersdorf 17 Minuten. Auf dieser Strecke verkehrt die berühmte Raab-Ödenburger Bahn, GySEV genannt. Unweit vom Bahnhof gibt es eine Papier-

Manufaktur, wo handgeschöpftes Papier hergestellt wird. (www.papirmanufaktura.hu)

Das ungarische Bier „Soproni Ászok" kann man im Zuge eines Brauereibesuches kosten, es gibt täglich Führungen.

Noch mehr Informationen finden Sie unter www.sopron.hu

25 km von Sopron entfernt liegt Fertőd.
Das Esterházy - Schloß ist sehenswert und hat einen wunderschönen, riesigen Park. Im Schloß kann man auch übernachten.

Geheimtip für jene, die Ruhe und Stille suchen: das Schlosshotel in Mihályi, 10 km von Kapuvár entfernt.

XII. Woche

1. Tag

Nützliche Ausdrücke

Einige Zeitangaben

- heute	ma
- gestern	tegnap
- vorgestern	tegnapelőtt
- vor zwei Tagen	két napja
- morgen	holnap
- übermorgen	holnapután
- in drei Tagen	három nap múlva
- diese Woche	ezen a héten
- letzte Woche	a múlt héten
- nächste Woche	a jövő héten
- vor zwei Wochen	két hete
- in zwei Wochen	két hét múlva
- diesen Monat	ebben a hónapban
- dieses Jahr	ebben az évben/az idén
- letztes Jahr	tavaly /múlt évben
- nächstes Jahr	jövőre/ jövő évben

Begegnung = Találkozás

Wie geht es dir?	Hogy vagy?
Und wie geht es dir?	És te hogy vagy?
Wie geht es Ihnen?	Hogy van?
Danke, gut.	Köszönöm, jól.
Nicht so gut.	Nem túl jól.
Was gibt es Neues?	Mi újság?

Nichts.	Semmi.
Nichts Besonderes.	Semmi különös.

Im Gasthaus = Vendéglőben
(„Im Wein liegt die Wahrheit."   „Borban az igazság.")

Bitte die Speisekarte!	Kérem az étlapot!
Kellner	pincér
Bestellen	rendelni
Ich möchte bestellen.	Rendelni szeretnék.
Was wünschen Sie?	Mit parancsol?
Ich möchte zahlen.	Fizetni szeretnék.
Wieviel macht das?	Mennyi? Mennyit fizetek?
Bitte	kérem, tessék
Bitte, was wünschen Sie?	Tessék/kérem, mit parancsol?
Danke	köszönöm
Gern geschehen	szívesen, kérem
Prost!	Egészségedre! Egészségére!

2. Tag

Glückwünsche

Tisztelt/ Kedves....	(Sehr) geehrte/r/Liebe/r (schriftlich)
gratulál**ok**/gratulál**unk**	**ich** gratuliere/**wir** gratulieren
sok szerencsét kíván**ok**/kíván**unk**	**ich** wünsche/**wir** wünschen viel Glück
kellemes szabadságot	angenehmen Urlaub
jó utat / jó utazást	gute Fahrt /gute Reise
kellemes időtöltést	angenehmen Aufenthalt
gyógyulást	gute Besserung
boldog születésnapot/névnapot	alles Gute zum Geburts/Namenstag
szeretettel	alles Liebe (schriftlich)
szívélyes üdvözlettel	mit herzlichen Grüssen (schriftlich)
Kellemes Karácsonyi Ünnepeket és Boldog Új Évet	Frohe Weihnachten und alles Gute im Neuen Jahr
Kellemes Húsvéti Ünnepeket	Frohe Ostern
minden jót	Alles Gute
sok szerencsét	Viel Glück

3. Tag

Witzig

- Honnan van ez a szép nyakláncod? – kérdezi a férj.
- Az autód hátulsó ülésén találtam – mondja a feleség.
- *Wo hast du diese schöne Halskette her? – fragt der Ehemann*
- *Ich habe sie auf dem Rücksitz deines Autos gefunden – antwortet die Ehefrau.*

- Parancsol egy csésze teát?
- Nem szeretem a teát.
- Akkor talán egy csésze kávét...
- Nem szeretem a kávét.
- Egy pohár bort ásványvízzel?
- Nem szeretem az ásványvizet!
- *Möchten Sie eine Tasse Tee?*
- *Ich mag keinen Tee.*
- *Dann vielleicht eine Tasse Kaffee...*
- *Ich mag keinen Kaffee.*
- *Ein Glas Wein mit Mineralwasser?*
- *Ich mag kein Mineralwasser!*

... Und wenn Sie sich mit Ungarisch noch unsicher fühlen, versuchen Sie es doch einfach englisch:

- Hole one a wait say?
 = (Hol van a vécé?)   = Wo ist die Toilette?

4. Tag

Einige Ortschaftsnamen

Eisenstadt	**Kismarton**
Mattersburg	**Nagymarton**
Forchtenstein	**Fraknó**
Kobersdorf	**Kabold**
Landsee	**Lánzsér**
Lackenbach	**Lakompak**
Raiding	**Doborján**
Deutschkreuz	**Sopronkeresztúr**
Klingenbach	**Kelénpatak**
Siegendorf	**Cinfalva**
Rattersdorf	**Rőtfalva**
Klostermarienberg	**Borsmonostor**
Lockenhaus	**Léka**
Oberpullendorf	**Felsőpulya**
Stoob	**Csáva**
Pamhagen	**Pomogy**
Apetlon	**Mosonbánfalva**
Frauenkirchen	**Boldogasszony**
Halbturn	**Féltorony**
Mönchhof	**Barátudvar**
Gols	**Gálos**
Weiden am See	**Védeny**
Neusiedl am See	**Nezsider**
Jois	**Nyulas**
Winden am See	**Sásony**
Breitenbrunn	**Fertőszéleskút**
Purbach	**Feketeváros**
Donnerskirchen	**Fertőfehéregyháza**
Oggau	**Oka**
Mörbisch am See	**Fertőmeggyes**

5. Tag

Genitiv- Endungen

Ein Besitz

Einzahl	1. Pers.	–m,-om,-am,-em,-öm
	2. Pers.	–d,-od,-ad,-ed,-öd
	3. Pers.	–(j)a,-(j)e
Mehrzahl	1. Pers.	–nk,-unk,-ünk
	2. Pers.-	-(o)tok,-(a)tok,-(e)tek, -(ö)tök
	3. Pers.	–(j)uk, -(j)ük

Mehrere Besitze

Einzahl	1. Pers.	–im,-aim,-eim
	2. Pers.	–id,-aid,-eid
	3. Pers.	– i,-ai,-ei
Mehrzahl	1. Pers.	– ink,-aink,-eink
	2. Pers.	–itok,-itek,-aitok,-eitek
	3. Pers	-ik, aik,-eik

Nach einem Besitzzeichen können natürlich auch weitere Endungen stehen: **gyerekeimnek – meinen Kindern**.

Beispiel:

Autóm/autód/autója/autónk/autótok/autójuk
Autóim/autóid/autói/autóink/autóitok/autóik

Nachwort

Nun sind wir am Ende unserer Ungarisch-Reise angelangt.
Ich hoffe, mit diesem kleinen Buch Ihr Interesse für diese einzigartige Sprache geweckt zu haben und würde mich besonders freuen, Ihnen den zweiten Teil der „Bausteine" zu einem späteren Zeitpunkt anbieten zu dürfen.
Sie haben jetzt insgesamt 60 Tage hart gearbeitet. Nehmen Sie das Buch immer wieder in die Hand, blättern Sie, kopieren Sie heraus, machen Sie sich notizen, sammeln Sie neue Wörter und Begriffe nach jeder Lektion, verwenden Sie immer wieder bunte Stifte und auch buntes Papier. Hören Sie Radio, wenn es Ihnen möglich ist oder sehen Sie Sendungen im ungarischen Fernsehen.

Sollten Sie Fragen über die ungarische Sprache oder zu den aktuellen Kursen haben, können Sie mir jederzeit auch schreiben:
melinda.ciorba@ycn.com

An dieser Stelle möchte ich allen meinen Kursteilnehmern danken, die mir die Inspiration für dieses Buch gegeben haben. Meinem Mann möchte ich für seine Hilfe ebenfalls danken.

Inhalt

Vorwort 5
Eine außergewöhnliche Sprache 7
I. Woche 10
  1. Tag 10
    Wo spricht man ungarisch? 10
  2. Tag 12
    Das Alphabet 12
  3. Tag 14
    Ungarische Laute und Namen 14
  4. Tag 19
    Noch mehr zu Namen 19
  5. Tag 21
    Wiederholung 21
II. Woche 22
  1. Tag 22
    Die Grußformel 22
  2. Tag 23
    Akkusativfall „-t" 23
  3. Tag 25
    Weitere Grußmöglichkeiten 25
  4. Tag 27
    Übungswörter 27
  5. Tag 29
    Die Vokalharmonie 29
III. Woche 32
  1. Tag 32
    Einige Länder 32
  2. Tag 33

Die –„i" Endung 33
3. Tag..36
Mehrzahl – Teil I. 36
4. Tag..38
Mehrzahl – Teil II. 38
5. Tag..41
der/die/das..41
IV. Woche..42
1. Tag..42
Endungen – Dativ und Genitiv 42
2. Tag..45
Monate und Tage 45
3. Tag..47
Jahreszeiten und Tageszeiten..............47
4. Tag..50
Die Zahlen 50
5. Tag..52
Zahlen, Datum 52
V. Woche...54
1. Tag..54
Uhrzeit 54
Die Endung für „an/am" 55
2. Tag..56
Die Endung „in/im" 56
3. Tag..57
Zwei leichte Endungen:„bis" und „um" 57
4. Tag..58
Die Farben 58
5. Tag..60
Über die Ungarn 60
VI. Woche..62

- **1. Tag** 62
  - Zeitwörter 62
- **2. Tag** 64
  - „sein" und „haben" 64
- **3. Tag** 67
  - Liste einiger Verben 67
- **4. Tag** 68
  - én (ich) 68
- **5. Tag** 69
  - én (ich) 69
- **VII. Woche** 72
  - **1. Tag** 72
    - te (du) 72
  - **2. Tag** 73
    - te (du) 73
  - **3. Tag** 74
    - ő, Ön (er/sie, Sie) 74
  - **4. Tag** 75
    - ő, Ön (er/sie, Sie) 75
  - **5. Tag** 76
    - mi (wir) 76
- **VIII. Woche** 77
  - **1. Tag** 77
    - mi (wir) 77
  - **2. Tag** 78
    - ti (ihr) 78
  - **3. Tag** 79
    - ti (ihr) 79
  - **4. Tag** 80
    - ők, Önök (sie, Sie) 80
  - **5. Tag** 81

 ők, Önök (sie, Sie) 81
 Übungen 83
IX. Woche 84
 1. Tag 84
  Auflösung der Übungen 84
  Die Endung „mit" 84
 2. Tag 87
  Die Endung „aus" 87
 3. Tag 89
  Die Familie 89
 4. Tag 92
  Berufe 92
  Hobbys 93
 5. Tag 94
  Eigenschaftswörter 94
X. Woche 96
 1. Tag 96
  Die Endung „nach"/"in"/"ins" 96
  Die Endung „auf" 97
 2. Tag 98
  Wiederholungsübung 98
 3. Tag 99
  Die Endung „über" 99
  Die Endung „woher"/"ab" 100
 4. Tag 101
  Die Endung „zu wem" 101
  Die Endung „bei wem" 101
 5. Tag 102
  Verbalpräfixe 102
XI. Woche 104
 1. Tag 104

Tagesablauf	104
2. Tag	106
Bindewörter	106
Einkaufen	106
3. Tag	108
Ungarische Spezialitäten	108
4. Tag	110
Budapest – die Hauptstadt	110
Kleine Landeskunde	112
5. Tag	113
Sopron	113
XII. Woche	115
1. Tag	115
Nützliche Ausdrücke	115
2. Tag	117
Glückwünsche	117
3. Tag	118
Witzig	118
4. Tag	119
Einige Ortschaftsnamen	119
5. Tag	120
Genitiv- Endungen	120
Nachwort	121

Literatur

Csorba Csaba - „Árpád jöve magyar néppel" – Magyar könyvklub – Helikon Kiadó, 1999

A magyar helyesírás szabályai – Akadémia Kiadó, 1991

Georges KASSAI und Tamás SZENDE – Ungarisch ohne Mühe, Assimil, 1994

Ungarisches Wörterbuch für Anfänger – Holnap Kiadó, 2000

Bart István – Ungarn – Land und Leute, Corvina Kiadó, 1999

Kurz beschrieben von Levels bis Dattelbaum auf Sprache Kleider

Edith Wilmann

Printed in Germany
by Amazon Distribution
GmbH, Leipzig